YouTube人気チャンネル
「スコアパーソナルゴルフ」 新井 淳 著

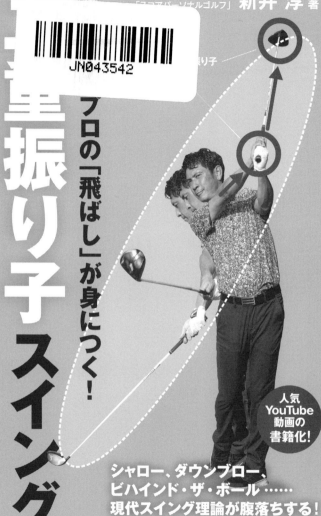

振り子

プロの「飛ばし」が身につく！

振り子スイング

人気
YouTube
動画の
書籍化!

シャロー、ダウンブロー、
ビハインド・ザ・ボール……
現代スイング理論が腹落ちする！

池田書店

はじめに

ゴルフコーチの新井 淳です。この本では、私が提唱する「二重振り子スイング」について、分かりやすく紹介していきたいと思っています。二重振り子スイングとは、2つの振り子でボールを打つスイングのことです。その2つの振り子とは、1つめは「身体の回転によって生まれる腕の振り子」、2つめは「手首から先のクラブの振り子」です。この2つの振り子を使ってクラブを動かすと、やがて大きな円弧になりますが、これが正しいクラブの動き。きれいな円弧になれば、体操の鉄棒で見られる大車輪のように、軌道も安定するし、ヘッド（大車輪では両ツマ先）のスピードも上がります。つまり、「2つの振り子を使って、ヘッドできれいな弧を描きましょう」というのが二重振り子スイングの目的になります。アベレージゴルファーの中には、どちらか一方が、あるいは両方が使えていないという人もたくさんいます。

YouTube人気チャンネルが書籍化

新井 淳コーチの
レッスン動画はココ！

特によく見られるのが、どちらの振り子も使わず、体幹に対して腕だけを横に振っているケース。このような動きになると当然のようにスイングは小さくなり、ヘッドスピードも上がらないし、飛距離も伸びません。

2つの振り子を使っていないスイング

身体の回転によって生まれる **腕の振り子**

1つめの振り子は、首の付け根を支点とした身体の回転によって生まれるもの。一体となった腕と身体が振り子のように回転する動き。

手首から先の
クラブの振り子

もう１つは、手首から先の振り子運動。支点となる手首が左右に折れることによって、ヘッドが振り子状態になります。

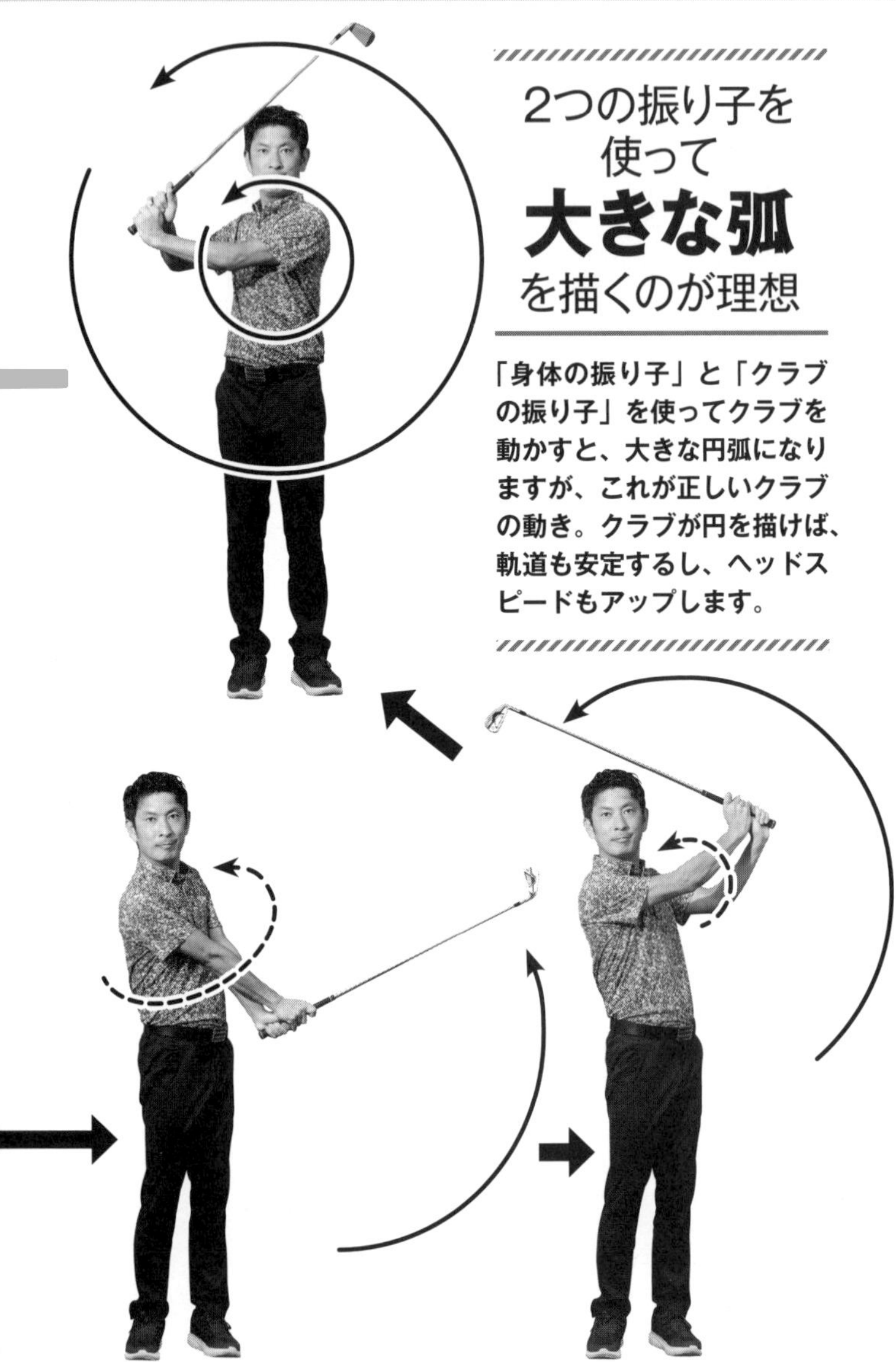

2つの振り子を使って**大きな弧**を描くのが理想

「身体の振り子」と「クラブの振り子」を使ってクラブを動かすと、大きな円弧になりますが、これが正しいクラブの動き。クラブが円を描けば、軌道も安定するし、ヘッドスピードもアップします。

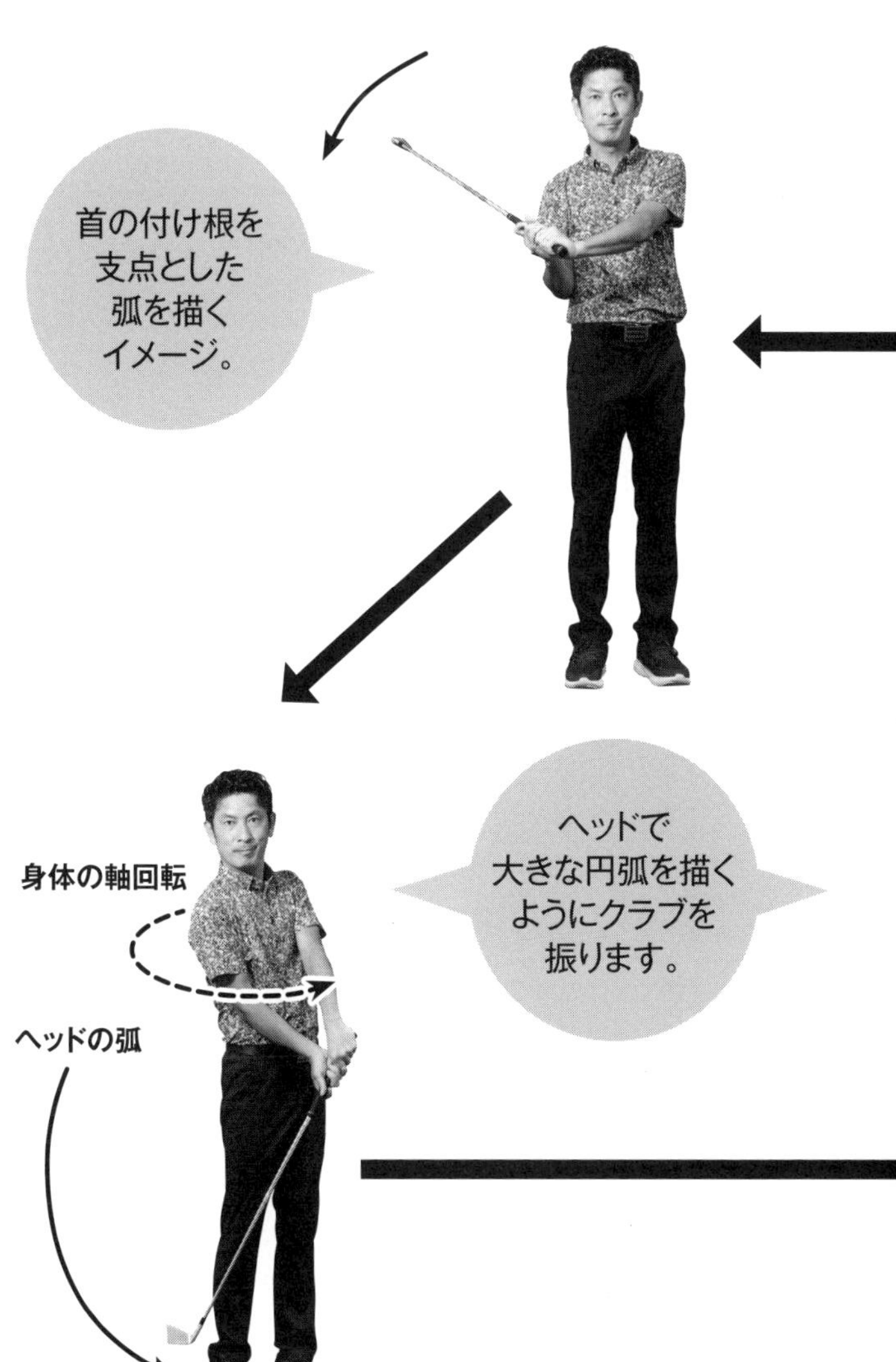
首の付け根を
支点とした
弧を描く
イメージ。
ヘッドで
大きな円弧を描く
ようにクラブを
振ります。
身体の軸回転
ヘッドの弧

二重振り子スイングの4つの原則

さて、二重振り子スイングを実現するためには、「これだけは絶対にやらなければいけない」という4つの原則があります。言い換えれば、この4つのうち一つでも欠けると、二重振り子スイングにはならないということ。その4つとは…。

【その1】ライ角上で弧を描く

ライ角とは、ヘッドのソール部分に対してのシャフトの傾きのこと。この角度をキープして弧を描くことが大事です。ライ角をキープしながらクラブを回していると〝投げ縄を投げる〟動きになりますが、クラブもそのように動かすと正しい動きになります。

ポイントは、ダウンスイングの入り口。投げ縄を投げるようにクラブを動かすと、ダウンの入り口でヘッドが背面方向に動き出します。上級者が当たり前のようにやっているのに、アベレージゴルファーができないのがこの部分。ほとんどのゴルファーが切り返したあと、右前方へ振り出してしまっているのです。投げ縄を投げるように、背面方向に振り出すことさえできれば、見た目はプロっぽくなるものです。（※P12に続きます）

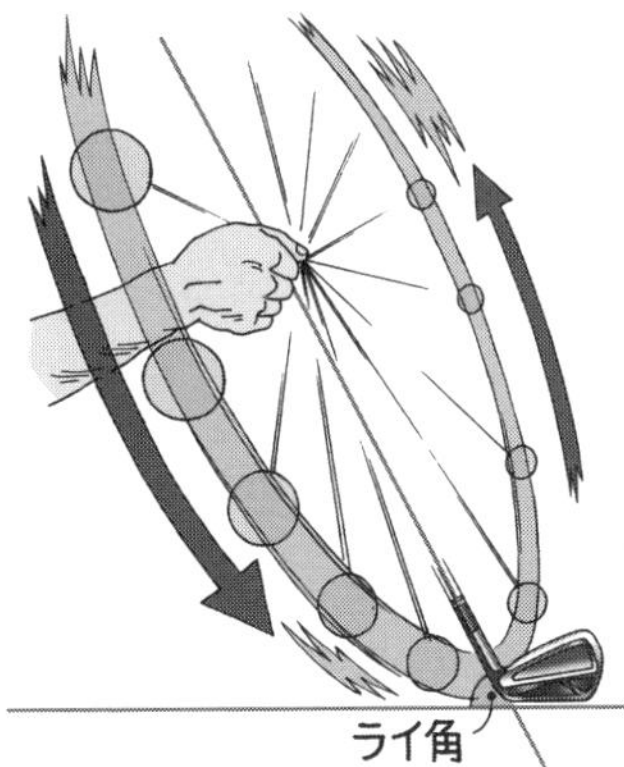

紐の先に付けた錘を振り回すと、“投げ縄を投げる”イメージがつかめます。

ライ角上で弧を描く

イメージ編

ライ角をキープしてクラブを回すと、投げ縄を投げるような動きになります。これが正しいクラブの動きに繋がります。

クラブをライ角上で、投げ縄のように回してみましょう。実際の投げ縄は頭上で回しますが、ライ角に合わせてクラブを投げ縄のように動かすイメージ。そうすればきれいな円弧が描けることを実感できるはずです。

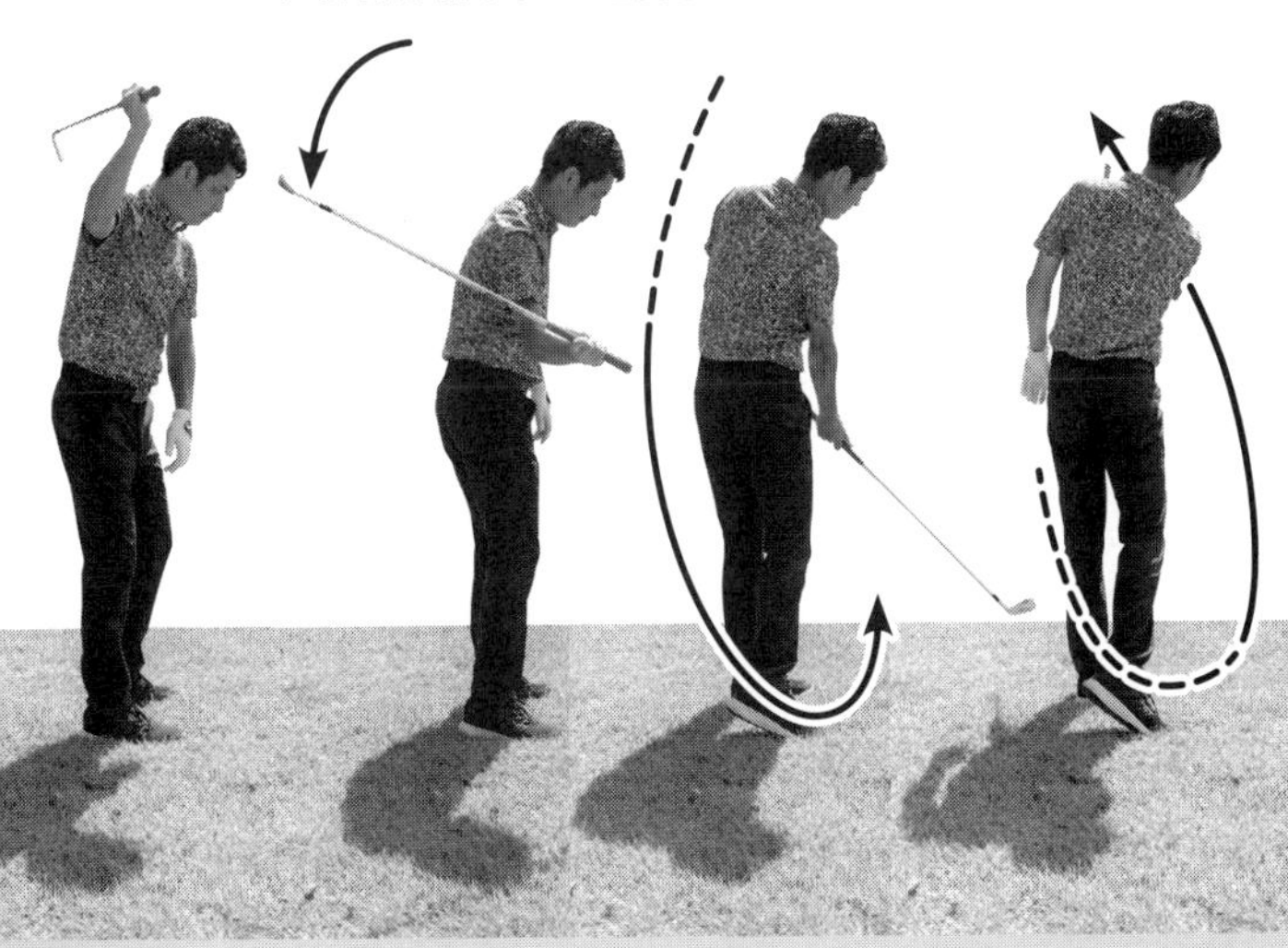

NGスイング ✖

一般的なアベレージゴルファーがやりがちなスイング

ライ角上で弧を描く

スイング編

実際に“ライ角上で弧を描く”ようにスイングしてみましょう。「NGスイング」と「OKスイング」を比較すると…!?

切り返したあと背面方向ではなく、右前方へ振り出してしまっているのがアベレージゴルファーのスイング。これでは軌道も安定しません。

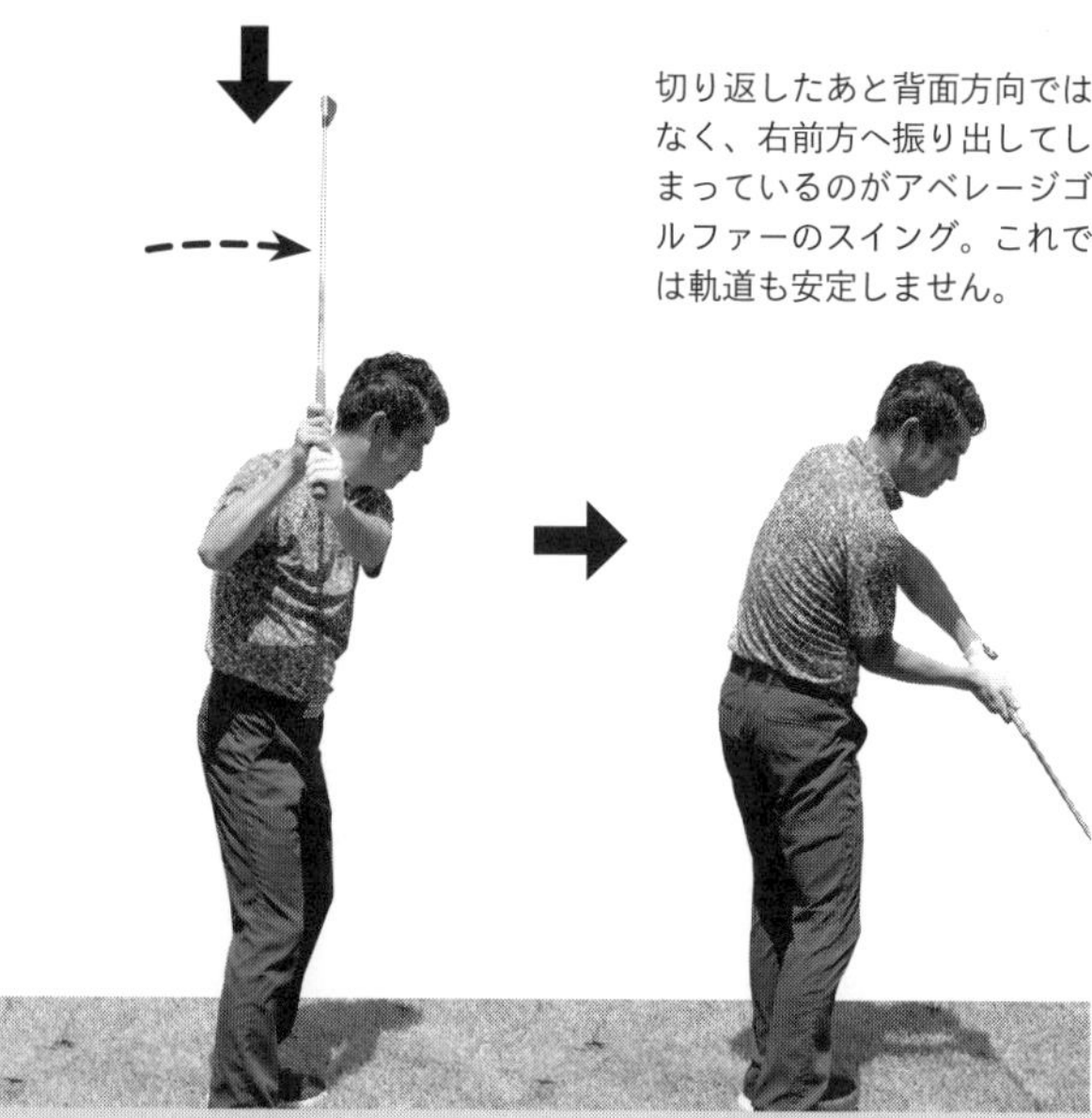

OKスイング○

ライ角上で、クラブを投げ縄のように振ったときのスイング

投げ縄状態を意識してスイングすると、ダウンスイングの入り口でヘッドが背面方向に動き出します。これだけでスイングがプロっぽく見えます。

【その2】ダウンスイングでシャフトを〝フェースが閉じる方向〟に軸回転させる

次に重要なのはダウンスイングで、シャフトをフェースが閉じる方向に軸回転させることです。実をいうと、正しくヘッドで弧を描こうとすると、自然にフェースが閉じる方向に軸回転がかかります。プロや上級者が、「フェースは勝手に閉じるもの。だから無理に返さなくてもいい」と言うのは、彼らが無意識のうちに正しく弧を描いているからです。

では、そもそもどういう軸回転がかかればいいのか。

シャフトの軸回転に関しては、クラブを傘に持ち替えてスイングしてみるとよく分かります。傘を振り下ろすとき、その外周が背中から転げ落ちるように下りてくれれば、正しい軸回転がかかっている証拠です。

しかし、アベレージゴルファーの多くは、この軸回転ができていません。特によく見られるのが、トップからの切り返しでいきなり右前方にクラブを放り出すような動きで、これでは逆に、フェースが開くような軸回転がかかってしまいます。

傘を回す動きは、軸回転を覚えるドリルにもなります。片手でも両手でもいいので、傘をクルクル回してみてください。

クラブを
傘に持ち替えて
振ってみよう

傘を持ってスイング。傘の中棒を右に回し、傘が背中から転げ落ちるようなイメージで下ろします。スイングにもこの動きが必要です。

手に持った傘がクルクル回りながら背中から転げ落ちれば、正しい軸回転が行われている証拠です。

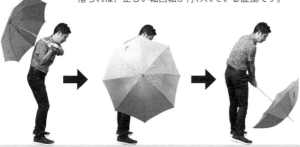

【その3】 クラブを引っ張り続ける

「投げ縄を投げるようにクラブを動かす」ことが大事なわけですが、これを実現するためには、手元を引っ張り続ける力が必要になります。

この動きを理解するために、紐の先に5円玉を括り付けて目の前で回してみてください。5円玉のスピードを上げようと思ったら、手元を大きく回すのではなく、引っ張り続けますよね。それと同じです。クラブもグリップを引っ張り続ける意識があれば、ヘッドが弧を描くようになるのです。

実際の動きとしては、ダウンスイングで引っ張り下ろしてきて、その後、引っ張り上げたところで手を返すという動きでヘッドが弧を描くようになりますが、このようにクラブを引いて使えるようになると、グリップが先行したインパクトになります。つまり、ハンドファーストインパクトが実現するということ。上級者はこの動きをやっているから、フェースにボールを乗せて遠くに運ぶことができるのです。

一方、アベレージゴルファーはクラブを引っ張っていないのでインパクト前に手首が解けてしまい、フェースにボールを乗せることはできないのです。（P16に続きます）

手元は**引っ張り**続けよう

スイング中、グリップを引っ張り続ける動きが大事。ダウンスイングで引っ張り下ろしてきて、引っ張り上げたところで手を返すという動きでヘッドが弧を描くようになります。

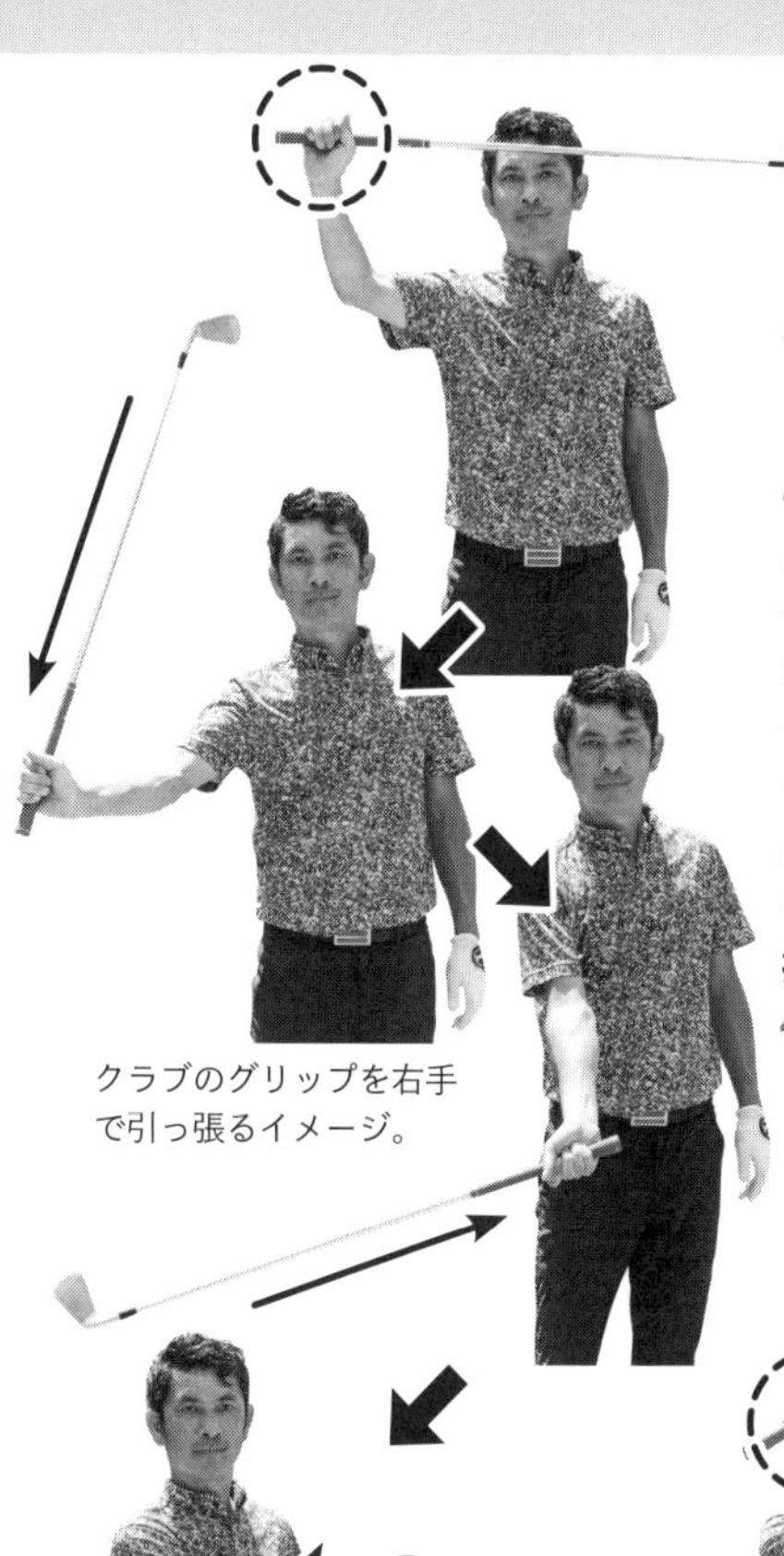

クラブのグリップを右手で引っ張るイメージ。

さらにグリップを引っ張り続けます。

ここで手首を返します。

最後まで引っ張り続けるイメージで。

【その4】インパクト直前に手元を減速させる

多くのゴルファーは、ボールを遠くへ、真っ直ぐ飛ばすためには、「できるだけ腕を速く振ること」と「フォロースルーからフィニッシュでも、クラブをしっかり振り切っていくこと」が大事だと考えているのではないでしょうか。しかしこの考えが、アベレージゴルファーの飛距離と方向性を奪う原因にもなっているのです。

先ほど登場した5円玉が付いた紐を回してみれば分かりますが、インパクトで手元を加速させる必要はありません。というよりも、むしろ手元を減速させたほうがヘッドは加速します。インパクト直前で手元を減速させることでヘッドのスピードが上がり、軌道も安定するのです。

この手元を減速させる動きは、釣り竿を振るときの動きと同じです。釣り糸をタイミング良く放つためには手元を減速させますが、インパクトでもその動きが必要となります。

以上が、二重振り子スイングの4つの原則です。本書では、これをマスターするためにはどうすればいいかを、じっくりと説明していきたいと思います。

釣り竿を振るときのように手元は減速させよう

釣り糸をタイミング良く放つためには、手元の減速が必要。スイングでも同じ動きが必要です。釣り竿を投げる動きを上下反転させたものがスイングだと思ってください。

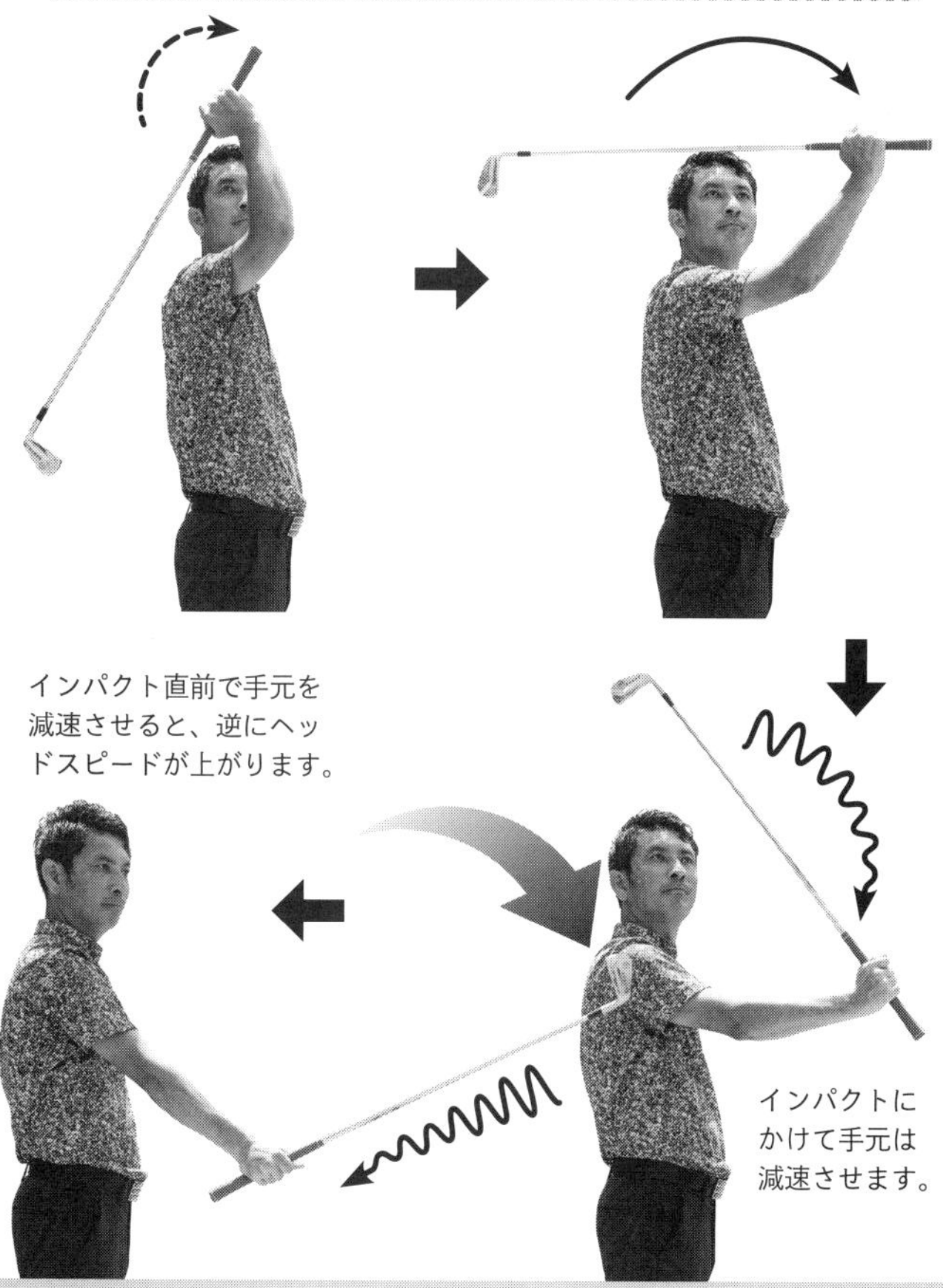

インパクト直前で手元を減速させると、逆にヘッドスピードが上がります。

インパクトにかけて手元は減速させます。

Contents of W <Fu-Ri-Ko> SWING

新井 淳コーチが推奨する「二重振り子スイング」とはどういうものなのか？　その原理や仕組みなどについて解説します。具体的なレッスンに入る前に、まずはこれをお読みください。

二重振り子スイングの作り方　第1章

二重振り子スイングに取り掛かる前に、ポジションやグリップなどをチェック。そうした細かいディテールを確認してから、本格的なスイング習得が始まるのです。

第2章 基本の動き

それでは、いよいよ二重振り子スイングの習得に入りましょう。アドレス〜テークバック〜切り返し…と、スイングの動きを新井コーチが解説します。

第3章 二重振り子スイングをさらに完璧なものに！

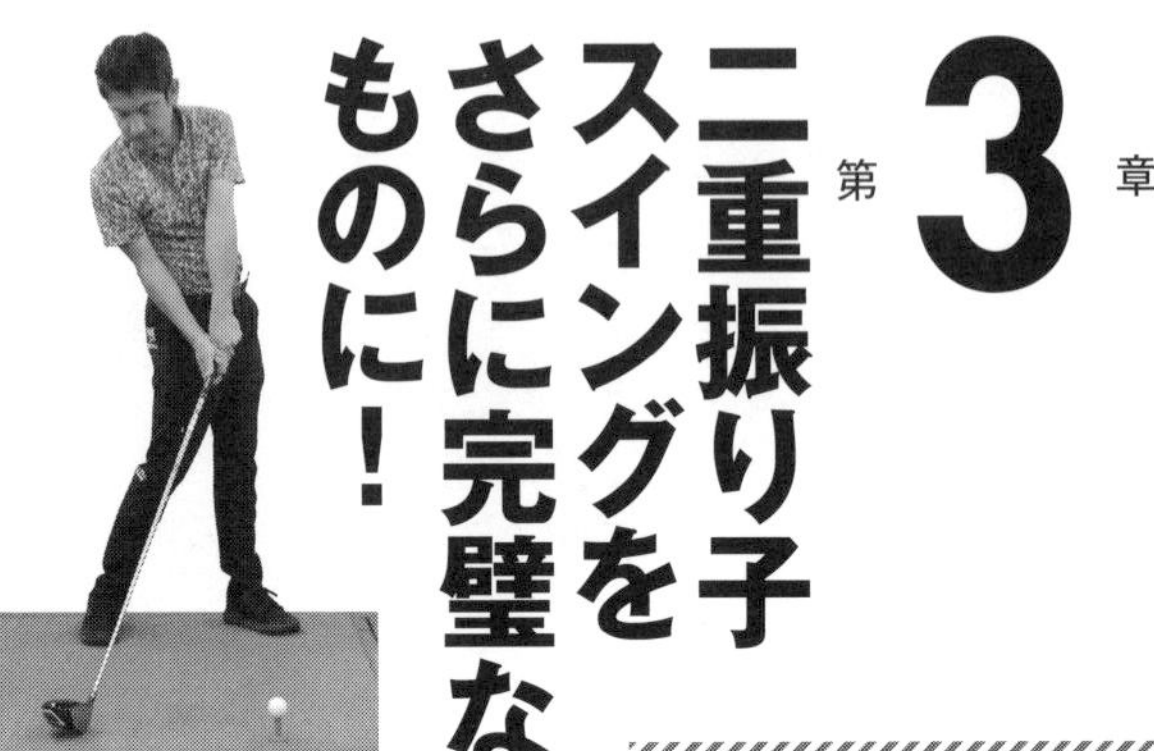

二重振り子スイングの基本的な動きを覚えたら、身体およびクラブの動きをもっと入念にチェック！　これで“プロの飛ばし”が身につくでしょう。

二重振り子スイングを手に入れるためのドリル

第4章

二重振り子スイングに即した右手、左手、腰、クラブなどの動かし方を身につけるドリルを紹介。ゴルフ練習場や自宅で、繰り返し練習してください。

いかがでしたか？　二重振り子スイングを身につければ、スキル＆スコアをアップして、ゴルフがもっともっと楽しくなります。

第1章

二重振り子スイングの作り方

二重振り子スイングに適したポジションやグリップがあります。新井コーチの解説で、正しいクラブの握り方やポジションのとり方を習得しましょう。

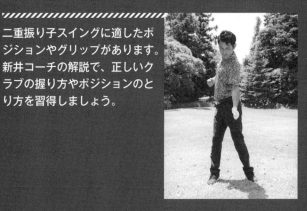

1 〝脇固定ポジション〟で身体と腕の一体感が生まれる

脇固定ポジションの作り方

二重振り子スイングを実現するうえで最初に身につけたい〝脇固定ポジション〟。聞き慣れない言葉だと思いますが、これは、「身体の回転によって手の振り子を作るための上腕と体幹の正しい位置」のことです。分かりやすく言えば、「余計な力を入れなくても身体と腕の一体感を感じる特有のポジション」のことで、これを〝左手〟で作ります。

まず、左頬の正面に左手を突き出し、肩の力を抜いて、手をひらひらさせながら左の股関節に向かって下ろします。このとき、肩の力が抜けていれば、左手の動きは自然と止まるはず。その止まったところが、左手が最も安定するポジション。ポイントは、左手の甲が左斜め上を向いていて、手首が指先を曲げ伸ばししやすい角度になっていることです。

最後に、身体の軸を少し右に傾けて、左右に身体を回してみましょう。左脇を締めなくても、上腕と体幹が一体化しているのが分かると思います。

脇固定ポジション

左手を左頬の正面に突き出したところから、手をひらひらさせながら左の股関節に向かって下ろし、自然に止まったところがベストポジション。

飛球線後方から見ると、左腕と身体が少し離れるのが正解。ただし、スペースの広さは個人差があります。

意識しなくても脇が軽く締まった感じになります。

左手の甲が左斜め上を向くように！

2 投げ縄状態を作りやすい〝脇固定グリップ〟

脇固定グリップで握ればグリップを引いて使える

脇固定ポジションが見つかったら、次に脇固定グリップで握ります。また聞き慣れない言葉が出てきましたが、これは、二重振り子状態を作るために大事な、「クラブを引っ張りやすい握り方」になります。

手順は左ページのとおり。一般的には身体の正面にヘッドがある状態でグリップを作りますが、脇固定グリップでは身体の正面に対してヘッドが右側に来るように握ります。その理由は、ヘッドを正面に置いて握ると、インパクトでも腕の正面にヘッドを戻す意識が出てしまうからで、そうなるとグリップを引いて球を打つイメージができないからです。

さらに付け加えれば、脇固定グリップで握れば、投げ縄状態を作るための「手首の回旋」（リスト回旋と呼んでいます）が楽にできるようになり、結果的に二重振り子スイングがやりやすくなります。ぜひこのグリップを覚えてください。

脇固定グリップの作り方

脇固定グリップが完成。このとき右肘は少し曲がっているのが正解。

そのあと、逆方向へのコッキングでヘッドをボールに合わせます。

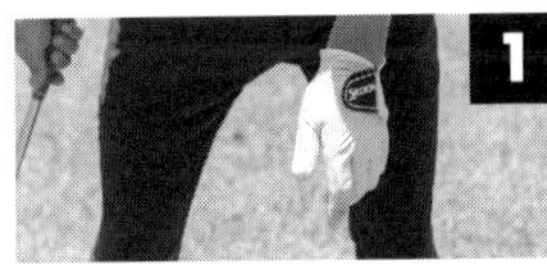

脇固定ポジションを作ります。

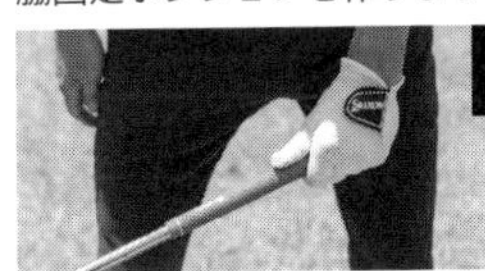

脇固定ポジションのまま左手を握ります。このとき、定規のような角張ったもの（テレビのリモコンなど）を指先で握る感覚で。シャフトは 45 度くらい右を向いた状態になります。

右手を握ります。クラブの重さを感じられるように、左手同様、リモコンを握る意識で、指先でクラブの重さを感じられるように引っかけます。

右手のひらで左手親指をしっかり隠すように握ります。そうすると右手の甲に自然と角度がついて、手元が自然体で落ち着く感覚になります。

3 脇固定ポジション&グリップをチェック

3つのチェックポイントで確認

脇固定グリップが正しくできているかどうかは、次の動きでチェックしてみてください。

①腕と身体が連動しているか

身体が気持ち良く回せるかどうかをチェック。身体が回しにくかったり、腕と身体が一緒に動かなかったりする場合は、正しく握ることができていない証拠。

②手首の動きだけでクラブをグルグル回せるか

脇固定グリップの状態から身体の右側で、手首の動きだけでクラブで円を描くように回してみましょう。この動きを「リスト回旋」と呼び、これができなければ投げ縄状態にすることはできません。

③手首の動きだけでフェースを開閉できるか

クラブの軸回転に必要な動き。手首の動きだけで開閉できれば正しく握れている証拠。

Check 1 腕と身体が連動しているかどうかをチェック

脇固定ポジションで身体を回してみて、腕と身体が連動していることを確認しましょう。

Check 2 手首の回旋（リスト回旋）ができるかどうかをチェック

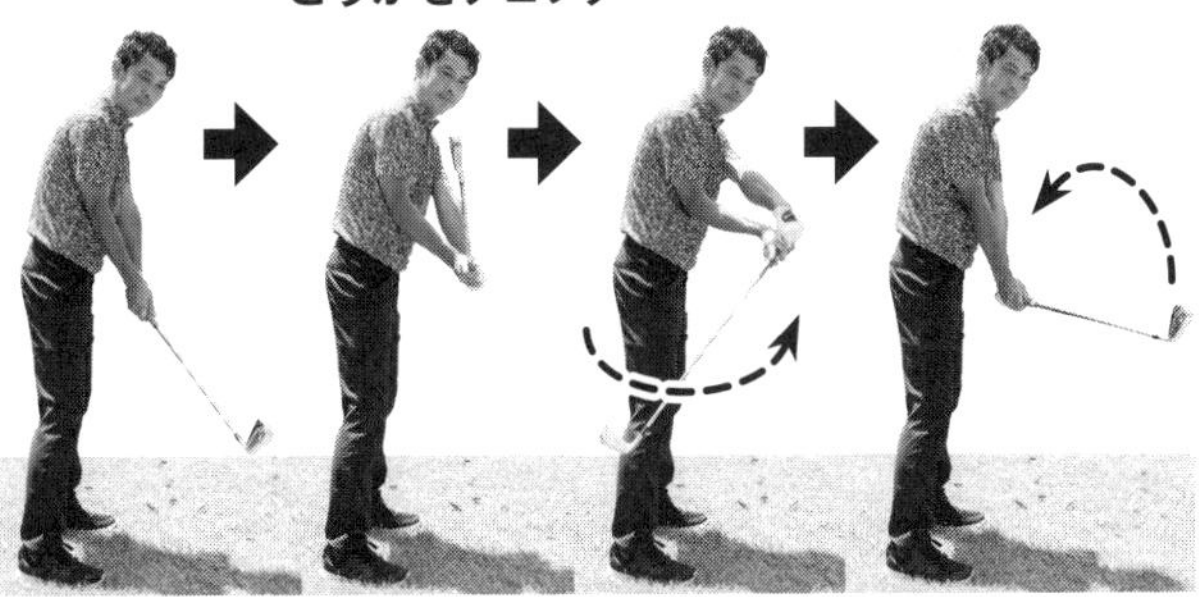

身体の右側でヘッドを回してみて、クルクル回れば OK。これができれば投げ縄状態をスムーズに作ることができます。

Check 3 手首の動作でフェースが開閉できるかどうかをチェック

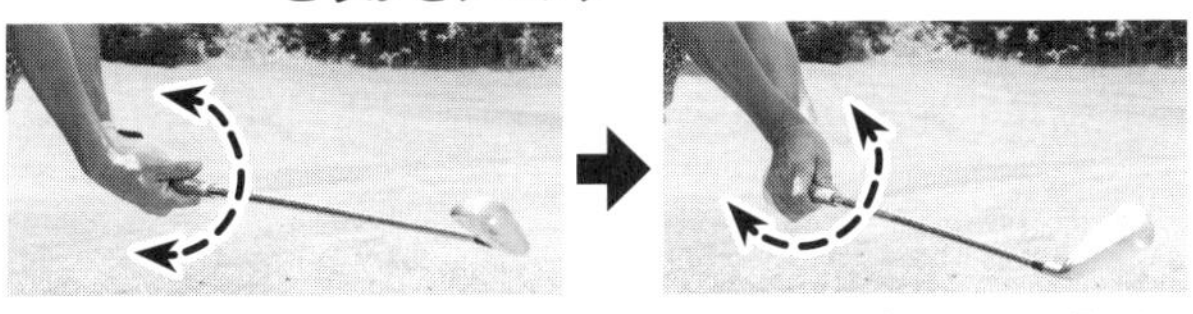

クラブの軸回転に必要な手首の動き。手首をひねってフェースを開いたり閉じたりできるかを確認しておこう。

身体の回転に必要な〝みぞおちスライド〟

みぞおちをずらせば身体は回転する

体重移動と軸（頭頂～首の付け根）の安定を両立させるためには、みぞおちを頂点にした背骨を曲げる動きが必要となってきます。よく「背骨を軸と考え、背骨を真っ直ぐにして身体を回しましょう」と言われますが、実は背骨は、曲げて使うのが正解なのです。

具体的に言うと、バックスイング（身体が右へ回る）のときは、背骨は左に湾曲します。逆にフォロースルー（身体が左へ回る）では、右に湾曲します。

このように背骨を湾曲させるためには、みぞおちをスライドさせる意識を持つことが大事になってきます。「スライド」と聞いて首を傾げる人も多いと思いますが、回転ではなくスライドなのです。

このことを理解するために、まずは背骨を横に曲げるイメージ作りをしましょう。みぞおちを頂点にして、頭を横に振るような感じで背骨を左右に曲げてみてください。

次に、みぞおちを左右にずらしてみましょう。ほとんどの人はみぞおちのスライドとともに身体が自然と回転します。みぞおちが横にずれる動きにともなって、腿の付け根が回転し、胸の向きも変わります。これを前傾した状態でやっても、同じように背骨が少し曲がりながら、胸の向きが変わります。

一般的に「身体を回す」というと、肩のラインを回転させるイメージがありますが、みぞおちのスライドによって胸の向きが入れ替わるということを知ることが大事なのです。

スライドさせるみぞおちのゴールは、頬と股関節を結んだライン。バックスイングでは垂直に伸びた頬と股関節のラインにみぞおちが乗り、フォローでは、ビハインド・ザ・ボールで身体が右に傾いている分、このラインも斜めになります。

みぞおちが正しくスライドされると、腰に対して胸が回った形になって、両脇腹が均等に緊張します。また、みぞおちのスライドによってほどよく肩が縦回転します。

この動きを覚えるために、少し前傾し、両腕を前に伸ばし、片方の手を前へ、もう一方の手を後ろに引くという動きをしてください。頭の位置、首の付け根が安定していれば、身体のひねりが誘発されて胸の向きが変わってくるはずです。

みぞおちスライドが身体を回転

みぞおちがスライドし、
背骨が湾曲することで身体は回転する

「身体を回す」というと、肩のラインを回転させようとする人が多いですが、みぞおちスライド＋背骨の湾曲によって胸の向きは入れ替わります。

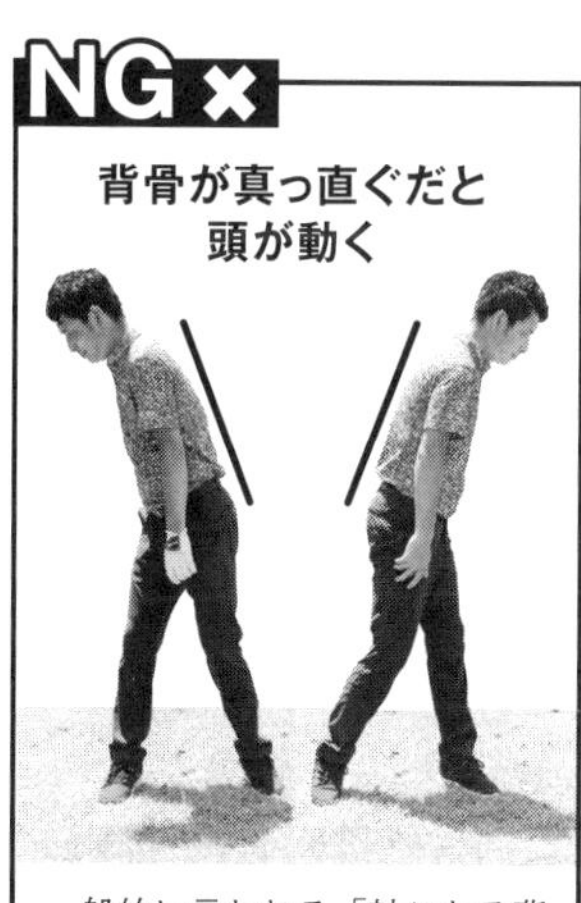
NG ×
背骨が真っ直ぐだと
頭が動く
一般的に言われる「軸となる背骨は常に真っ直ぐ」だと、頭の位置が大きく動いてしまいます。

身体の回転は
側屈が基本
側屈の動きで背骨を曲げるというのが、スイングにおける身体の動きの基本となります。

瓦割りの動きで"みぞおちスライド"を体感

みぞおち
みぞおち
少し前傾し、両腕を前に伸ばし、片方の手を前へ、もう一方の手を後ろに引くという動きで"みぞおちスライド"が体感できます。

二重振り子スイングに必要な正しい軸回転

正しい軸回転とは

ゴルフスイングでは、正しい軸回転が大事だということがよく言われます。では、正しい軸回転とはどういう動きなのでしょうか。

二重振り子スイングでは、「頭、首の付け根が左右にブレない」ことと、「回転にともなって自然と体重移動ができている」ことがポイントになります。そして、この正しい軸回転の動きに脇固定ポジション&脇固定グリップが組み合わさることによって、上腕と体幹が一体化した安定した二重振り子が実現します。

この動きができているかどうかは、両手を胸の前でクロスして、身体を揺さぶれば分かります。スムーズにできれば、正しい軸回転ができている証拠。ほとんどの人が体重移動をしようとすると首の付け根が左右にブレるか、首の付け根を安定させようとして体重が移動できなくなります。まずは身体を左右に揺さぶってチェックしてみてください。

正しい軸回転

両手を胸の前でクロスして、身体を左右に揺さぶる動きがスムーズにできれば、正しい軸回転ができている証拠。

頭の頂点と首の付け根を結んだ線を真っ直ぐに

スイング中、頭の頂点と首の付け根を結んだ線が傾かないようにすることが大事。

6 タイプによって異なる下半身の動かし方

アナタはツマ先体重タイプ？　カカト体重タイプ？

スイングにおいて大切な軸回転を成功させるためには、自分が「ツマ先体重タイプ」か、それとも「カカト体重タイプ」かを知っておく必要があります。

チェック方法は簡単です。棒状のものに足を乗せ、「カカトを乗せてツマ先は地面に着ける」か、または「ツマ先を乗せてカカトを地面に着けた状態」で、手をクロスして胸に当て身体を回転（みぞおち回転ですよ）してください。

自分にとって身体を回しやすいほうがあると思いますが、いかがですか？　前者が「ツマ先体重タイプ」、後者が「カカト体重タイプ」になります。なお、どちらがやりやすいか分からなかった場合は、「体重タイプ」についてはあまり意識しなくてもけっこうです。

また、「内股タイプ」か「外股（ガニ股）タイプ」かによっても、膝の動かし方が変わってきます。これも事前にチェックしておいてください。

身体の回しやすさをチェック

診断1 両足を棒に乗せたとき、どちらが立ちやすいか?

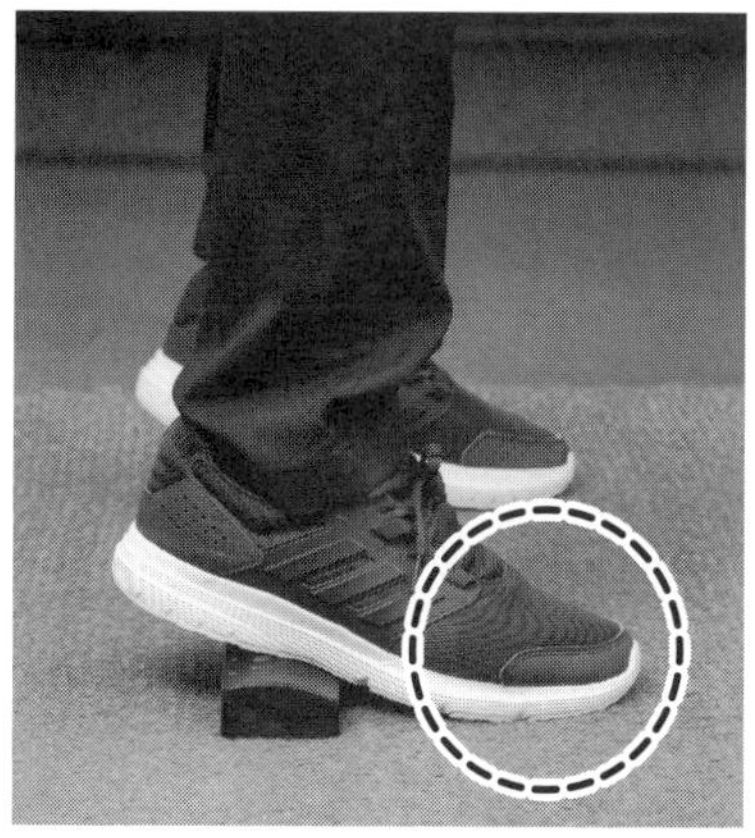

ツマ先体重タイプ

棒に足を乗せ、カカトを浮かせてツマ先を地面に着ける。このほうが回転しやすければ、アナタは「ツマ先体重タイプ」。

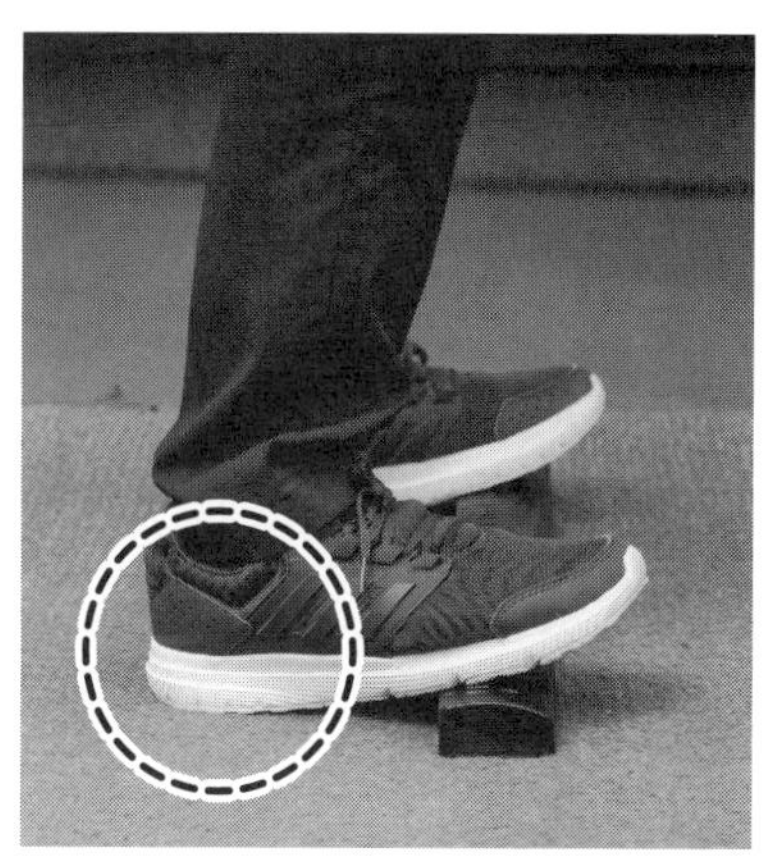

カカト体重タイプ

棒に足を乗せ、ツマ先を浮かせてカカトを地面に着けます。このほうが回転しやすい場合は、「カカト体重タイプ」になります。

次ページでそれぞれの特徴を解説

①アドレス時の膝の曲げ具合と姿勢

ツマ先体重タイプ

骨盤がしっかり前傾

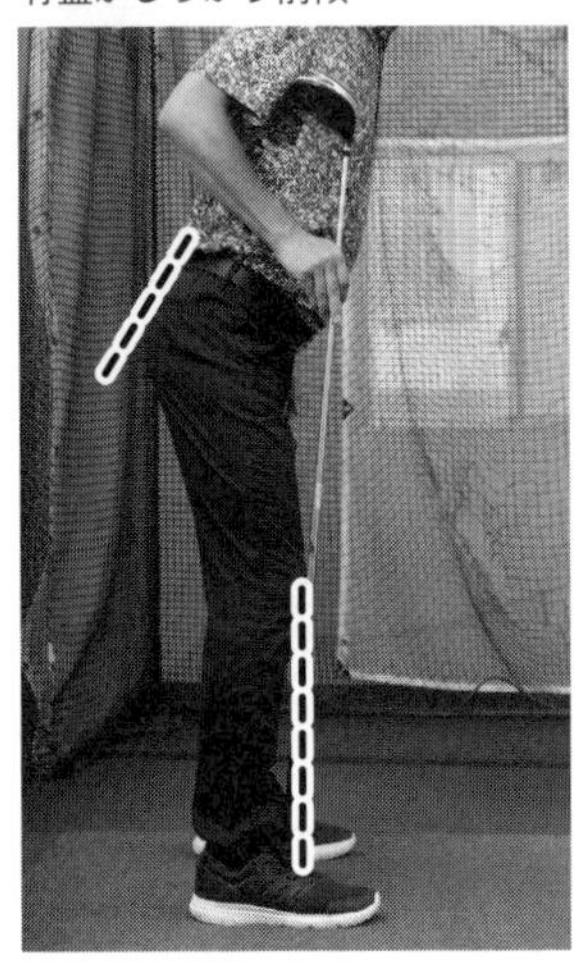

ツマ先よりも膝が内側に

前傾をするとき、お尻の穴を上に向け、お尻を引き上げて股関節から前傾姿勢を取ると身体が回りやすくなります。また、前傾したとき、膝がツマ先よりも内側に来ます。

カカト体重タイプ

骨盤の前傾角度は浅め

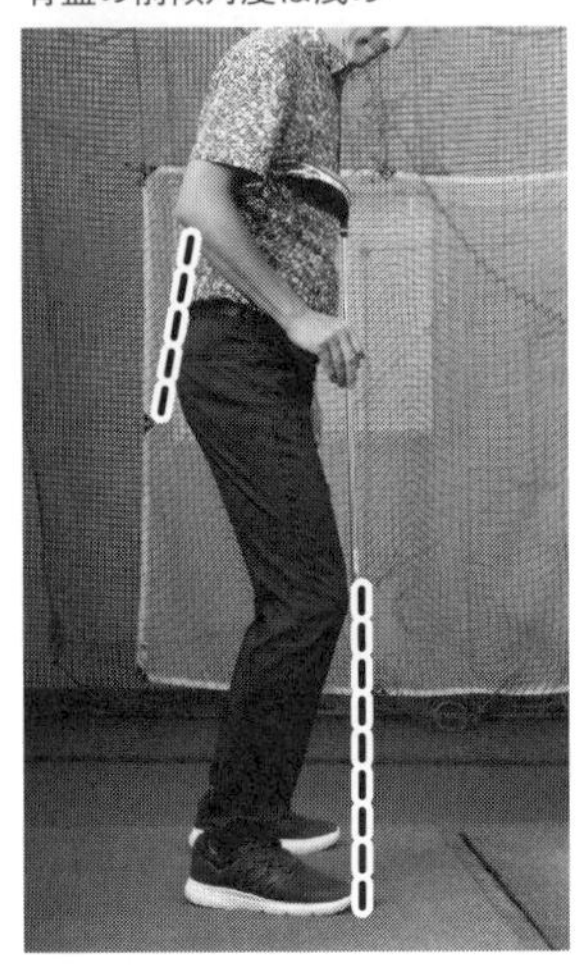

膝とツマ先が同じライン上に！

股関節の前傾はあまり深くなく、膝と胴体で前傾姿勢をとる感じ。最初に軽く膝を曲げて、膝を前に出して、脇腹から胸の辺りで前傾をとるといいでしょう。

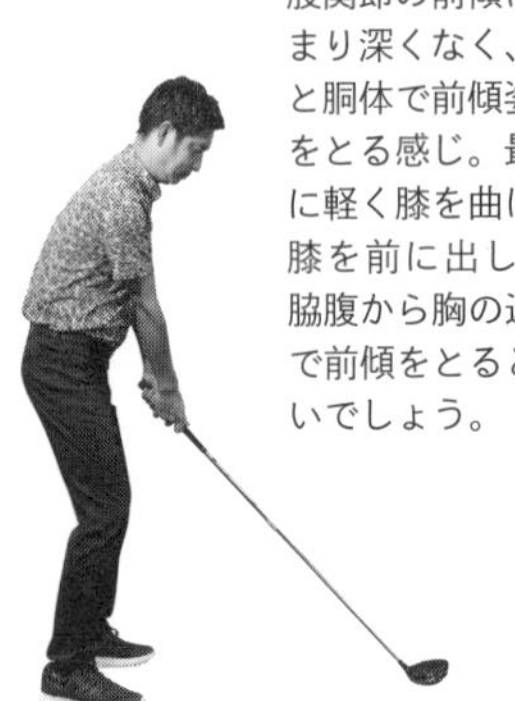

❷フォロースルー側への腰の回し方

ツマ先体重タイプ

左腰を引く

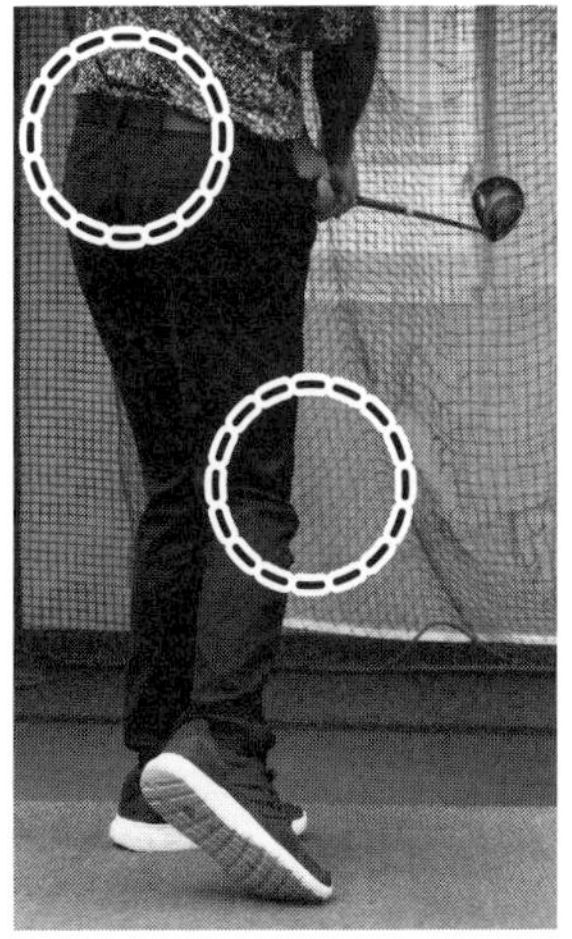

右膝は積極的に前に出さない

インパクト～フォロースルーではカカト体重タイプとは異なり、左腰を引くイメージ。右膝も積極的に前に出しません。

カカト体重タイプ

右腰を押し込む

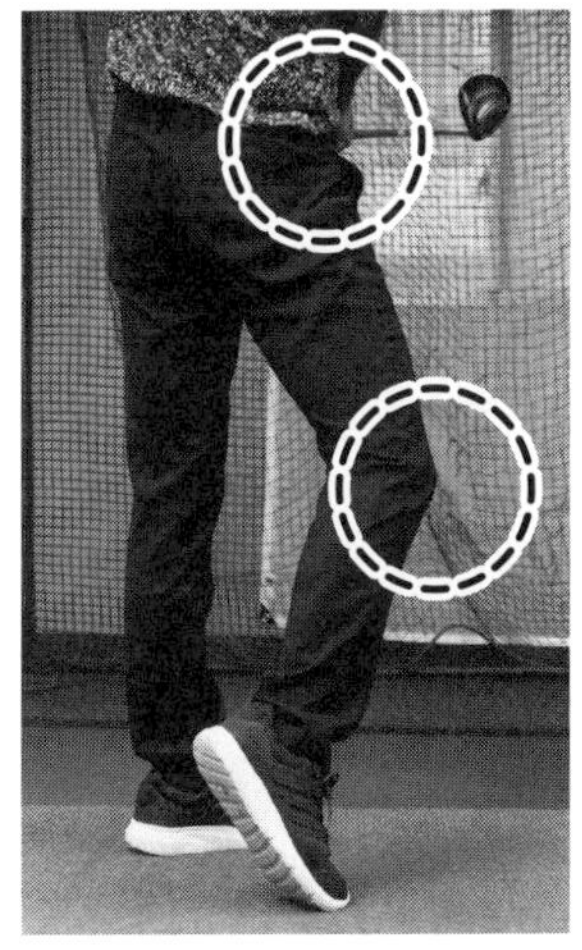

右膝も前に出す

インパクトからフォロースルーにかけては、右腰をターゲット方向に押し込むイメージ。右膝も前に出します。

診断2 アドレスしたときのツマ先は真っ直ぐ？ 外向き？

内股タイプ

アドレスしたとき、両足ツマ先を真っ直ぐ向ける人は、「内股タイプ」。インパクト～フォロースルーでは、右膝を左膝に寄せるように動かすと回転しやすくなります。

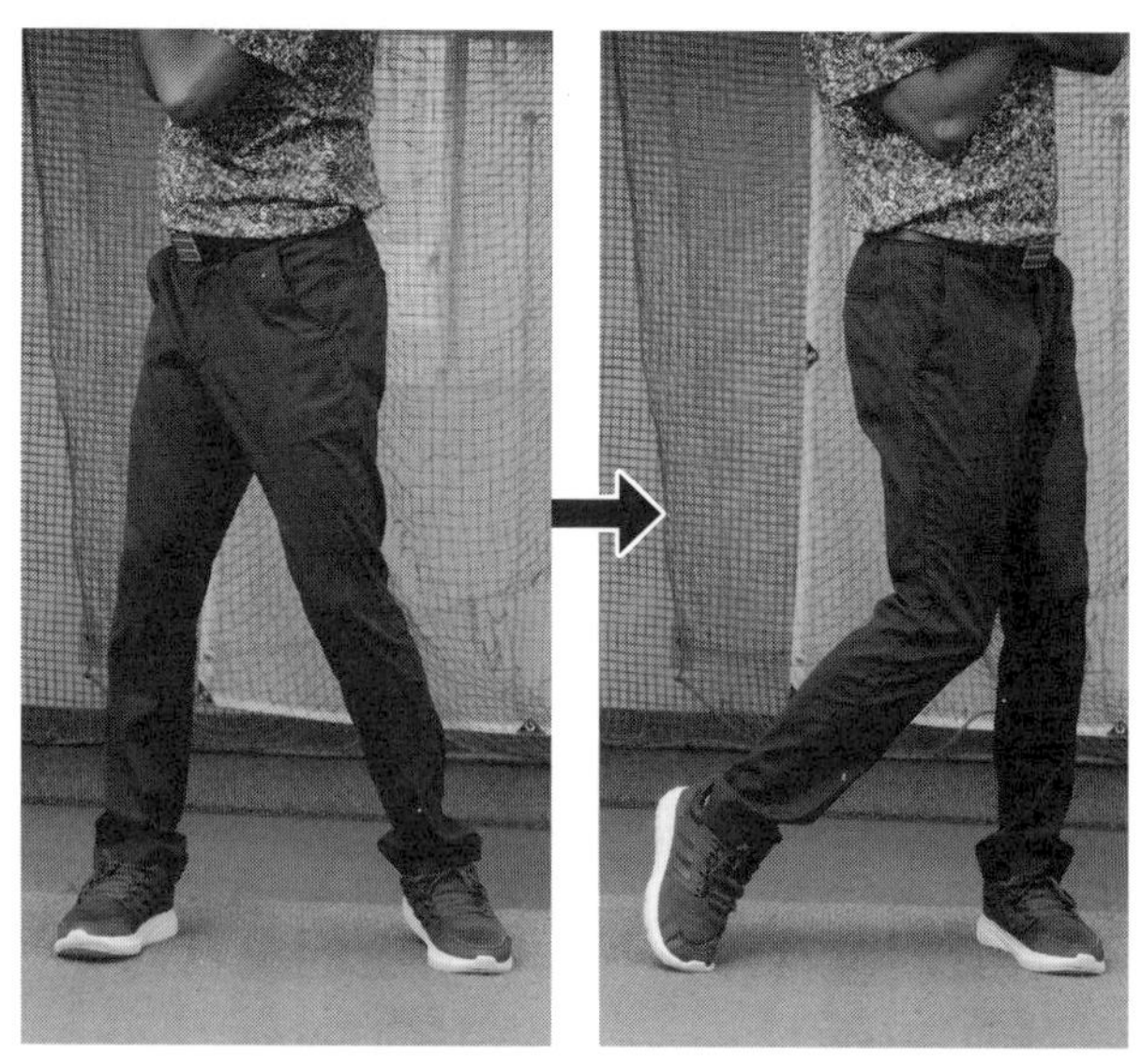

外股（ガニ股）タイプ

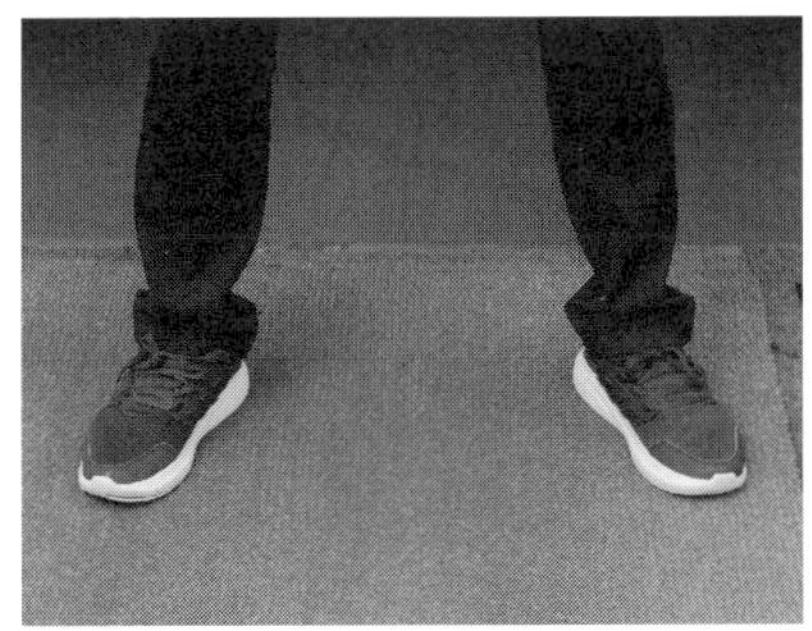

両足ツマ先が広がる人は、「外股（ガニ股）タイプ」。インパクト～フォロースルーでは、右膝と左膝の間にスペースがあったほうが回転しやすくなります。

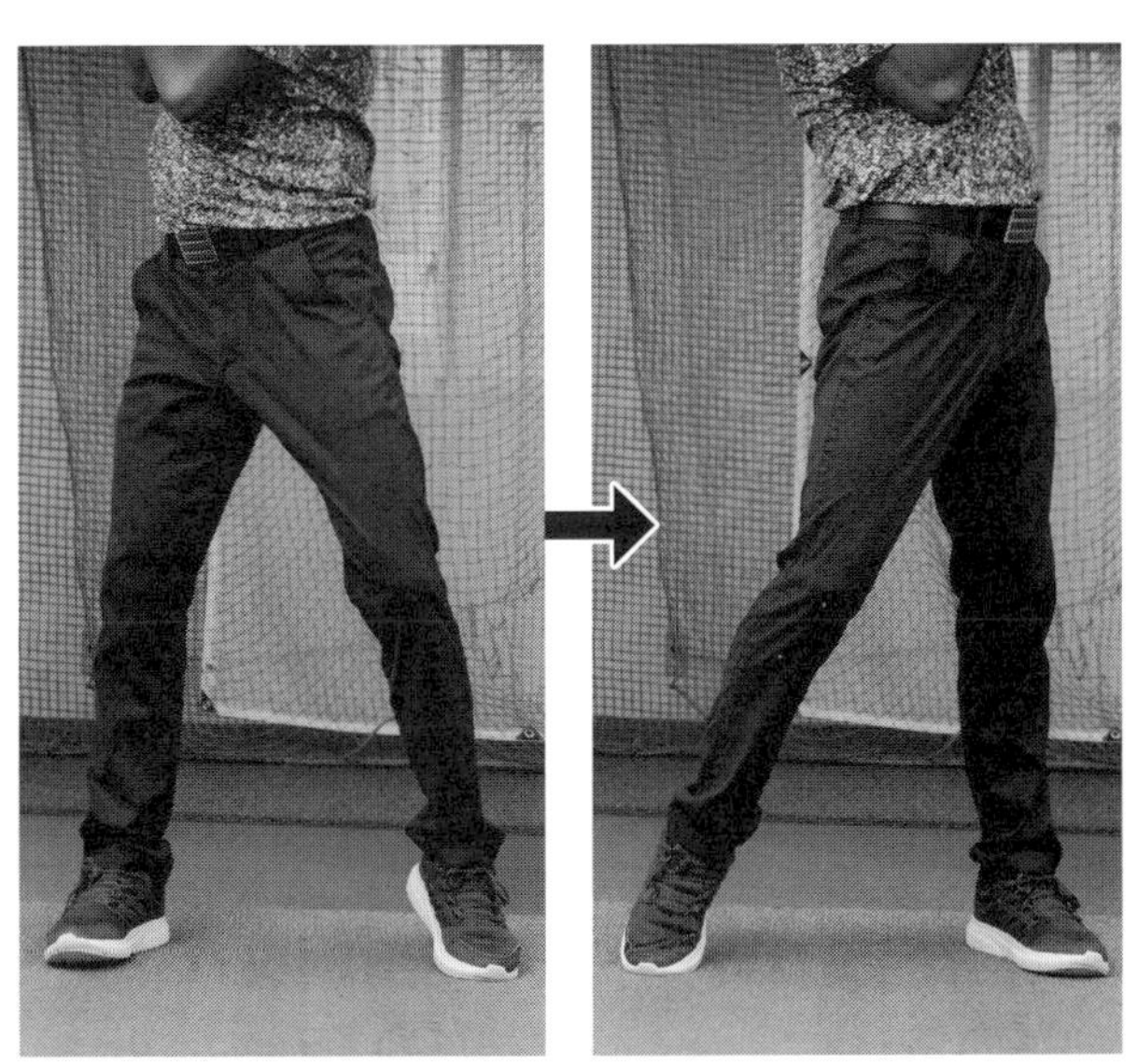

7 二重振り子スイング的ハーフショット

小文字の「y」のハーフショットで正しい動きを理解する

次に、脇固定グリップと、身体の軸回転で覚えた動きでボールを打ってみましょう。

通常のレッスンでは、アドレスのやり方を覚えてからボールを打つというのが一般的ですが、二重振り子スイングでは先にハーフショットを経験してもらいます。その理由は、アドレスというのは、正しく動くためにやるものだから。〝何が正しい動き〟なのかが理解できていないと、その動きに対するスタート地点がイメージしにくいと思うからです。

さて、そのハーフショットですが、単に小さい振り幅でポンポン打つというわけではありません。まずは、脇固定グリップと軸回転で1つめの振り子をしっかりと動かします。

ヘッドは腕の正面にセットせず、脇固定グリップで構えます。正面から見て、小文字の「y」の形になっていればOKです。なおボールは、スタンスの真ん中に置きましょう。

そして、この状態からみぞおちをスライドさせる身体の軸回転を入れていきます。実際にやってみると分かると思いますが、思った以上に簡単に、正確に打てるはずです。

身体の回転が止まったところでスイングは終了。ここでは、手首から先の2つめの振り子はまだ作っていないということだけを頭に入れておいてください。

このハーフショットで覚えてほしいのは、二重振り子スイングの条件である「グリップを引いてクラブを扱う」こと。脇固定グリップにすれば、常にグリップを引っ張り続けることができるようになりますが、ヘッドを手の右側にキープし、身体の回転でグリップをインパクト〜フォロースルーまで引っ張り続けます。繰り返しになりますが、「グリップを引っ張りながらインパクトを迎える感覚」をこの練習でつかんでください。

また、二重振り子スイングでは、インパクト直前からは、「グリップを引き上げる」イメージを持つことが大事です。多くの人がダフりたくないと思って上から打ち込もうとしますが、そうすると手首が解けたインパクトになって余計にダフりやすくなります。

さらに付け加えれば、構えたとき軽く曲がった状態にある右肘が、グリップを引っ張る動きにともなって自然とフォローで伸ばされるという動きも重要です。これは、勝手に伸びる感じ。ハーフショットをしながら、「伸びている」ことを実感してください。

みぞおちスライドを意識しながら、身体の軸回転＋クラブを引っ張り続ける動きでスイング。

インパクト直前からはクラブを引き上げるようにグリップを動かし、身体の回転が止まったところでスイング終了。

1つ目の振り子がマスターできるハーフショット

脇固定グリップで構えます。正面から見て、小文字の「y」になっていれば OK。

脇固定ポジションから小さくテークバック。クラブが地面と平行になる辺りまで上げます。

⑧ 2つめの振り子は〝リスト回旋〟によって生まれる

手首でクラブを回すことで2つめの振り子ができる

次に、手首から先の2つめの振り子の話です。多くの人は、2つめの振り子を「手首を返すだけの動き」と勘違いしているようですが、そうすると身体の回転が止まってしまい、ボールが左に飛びやすくなってしまいます。

私が提案する「二重振り子スイング」の2つめの振り子は、P28で紹介した「リスト回旋」(手の右側でヘッドで回す動き)がポイントになります。結論を言えば、ハーフショット(P42)にリスト回旋を加えることで、二重振り子スイングが完成することになります。

やってみると分かると思いますが、1つめの振り子+リスト回旋でスイングをすると、身体の正面をヘッドが横切っているように見えます。しかし、身体の向きを戻すとフォロースルーまで腕の正面をヘッドが追い越しません。つまり、手首は〝返さない〟のです。

2つめの振り子について、もう少し詳しく説明しましょう。

テークバックでは腕の右側でヘッドを内側（左）に回しながら、腕の正面に向かってヘッドを上昇させていきます。そうすると、ヘッドは手元よりも前に上がっていきます。そしてその上がった勢いで、切り返しでは意識しなくても、クラブは背面方向に動きます。

そしてダウンスイングでは、クラブの最下点が両足の正面に来ます。もし、身体の回転がなければ最下点では手元が右ポケットの辺りに来て、軌道の最下点は左足カカトと右ツマ先の延長線上に来ることになります。これが2つめの振り子の大きなポイントです。

その後、身体の右半身から中央部分に引き込んできたクラブは、フォロースルーで身体の中心から左側に抜けていきます。これが正しくできると、ヘッドが最下点に来る手前で、みぞおちが左腰に乗った左軸になります。グリップを引っ張るのはここまで。正面からはハンドファーストに見えますが、右腰の前に手がある状態です。

また、インパクトゾーンでは、クラブの旋回によって左腕が上、右腕が下だった前腕の高さが徐々に入れ替わってきます。つまり、左腕が下、右腕が上になるということ。この入れ替わる動きによって、グリップスピードが減速し、クラブが地面に向かって振りほどかれる（リリースされる）と同時に、ヘッドスピードも上がります。

ハンドファーストに見えますが、手元は身体の正面にあります。

身体の回転とともにクラブが引き上げられ、左右の腕が入れ替わります。

手首を返そうとすると身体の動きが止まってしまいます。

ボールがつかまり過ぎて、引っかけなどのミスが出ます。

OK ○ 新井式二重振り子スイングの正しい動き

脇固定ポジションからスタート。

この辺りがクラブの最下点になります。

NG × 手首を返しただけの二重振り子スイング

スタート時点は変わらないが…。

手首の返しがこの辺りで入ります。

9 右腕は缶ジュースを口元に運ぶように上げていく

右腕は、上腕が外旋、前腕が内旋の〝あべこべ回旋〟で動く

ここまでは全体的なスイングの動きを説明してきました。ここでは「腕の動かし方」についてお話したいと思います。

腕の動きに関しては、右腕で覚えます。まずは右上腕（二の腕）の動き。右腕を正面に向かって真っ直ぐ出したときの角度を0度、真横に広げたときの角度を90度とすれば、前から60度、真横からは30度前が右腕の通り道の基本ポジションとなります。ここが最も気持ち良く動かせる位置になるからです。この辺りで右腕を動かしてみて、抵抗感がなければ正しい位置を動いている証拠です。

次に直立した状態で、60度の位置で右腕が地面と平行になるところに上げ、右肘を90度曲げてください。そうすると、肘から先、つまり前腕が上腕より少し前に出るはず。これがトップのときの肩のラインに対する上腕、前腕の位置になります。そしてここから、右手の甲を目一杯甲側に折ると、「飲み物を頬のほうにこぼす形」、正面から見ると「吊り革を握っている形」になります。これが正しいトップの形です。

次に、このトップに持っていくまでの右腕の動かし方ですが、ここで重要なのは、上腕と前腕とでは回す方向が異なることです。

具体的には、右肘は地面のほうに向けておきたいので、上腕は右方向に回し（外旋）、肘から先の前腕は左方向に回します（内旋）。このように前腕と上腕が別の方向に捻られることを〝あべこべ回旋〟といっているのですが、正しくトップまで上げるためには、この動きが必要になります。

この動きを日常生活で考えてみると、飲み物を飲むときの動きに似ています。手に持った缶ジュースを口元に運ぶとき、右肘を少しでも外に向けると途中で中身がこぼれてしまうので、右肘は常に下を向けています。それに対し前腕は、口元で缶を傾けるために内側に捻ります。

実際にスイングするときも、テークバックでは飲み物を飲む動きを意識してクラブを上げてみてください。

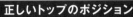

正しいトップのポジション

上腕は肩のラインに対して30度前、右肘を90度に曲げると前腕が上腕より少し前に出ます。これがトップのときの肩のラインに対する上腕、前腕の位置。そしてここから、右手の甲を目一杯甲側に折ると、飲み物を頬のほうにこぼす形、正面から見ると、吊り革を握っている形になります。

テークバックでの右腕の動き方

上腕は右回旋、前腕は左回旋の“あべこべ回線”に。

飲み物を飲むとき、上腕を外旋、前腕を内旋させるという“あべこべ回旋”で口元まで運びますが、テークバックでの右腕の動きもこれと同じ。缶ジュースをこぼさないように、口元まで運ぶイメージでクラブを上げていきましょう。

手元はトップの位置から右ポケットに向かう

ダウンではペットボトルの水をこぼすように

次に、右腕を下ろすときの軌道について。吊り革トップから、Ｐ50でお話した60度のラインを通り、右ポケットのほうに手元を下ろすというのが基本的な軌道になります。

右腕の動きとしては、ペットボトルの水を前腕の右側にこぼすような動きとなります。

また、この動きの中で、右肘が脇腹に接着するポイントが常に一定になることが重要になりますが、正しい軌道を通っていれば、その位置も自然と決まります。

そして、右肘が伸び切る少し手前から、身体の正面からやや左側に向かって、腕を身体から離して右肘を伸ばせば、右腕の振りが完成となります。

先ほども言ったように、この動きをスムーズに行うことができれば、右肘が脇腹に当たる部分が1点になります。その場所は個人差がありますが、何度も繰り返し、右肘が安定して脇腹に当たる場所を探してください。

トップからの右腕の下ろし方

右腕はトップから右ポケットのほうに下ろし、右肘が伸び切る少し手前から、身体の正面からやや左側に向かって右肘を伸ばします。

ペットボトルの水をこぼすように

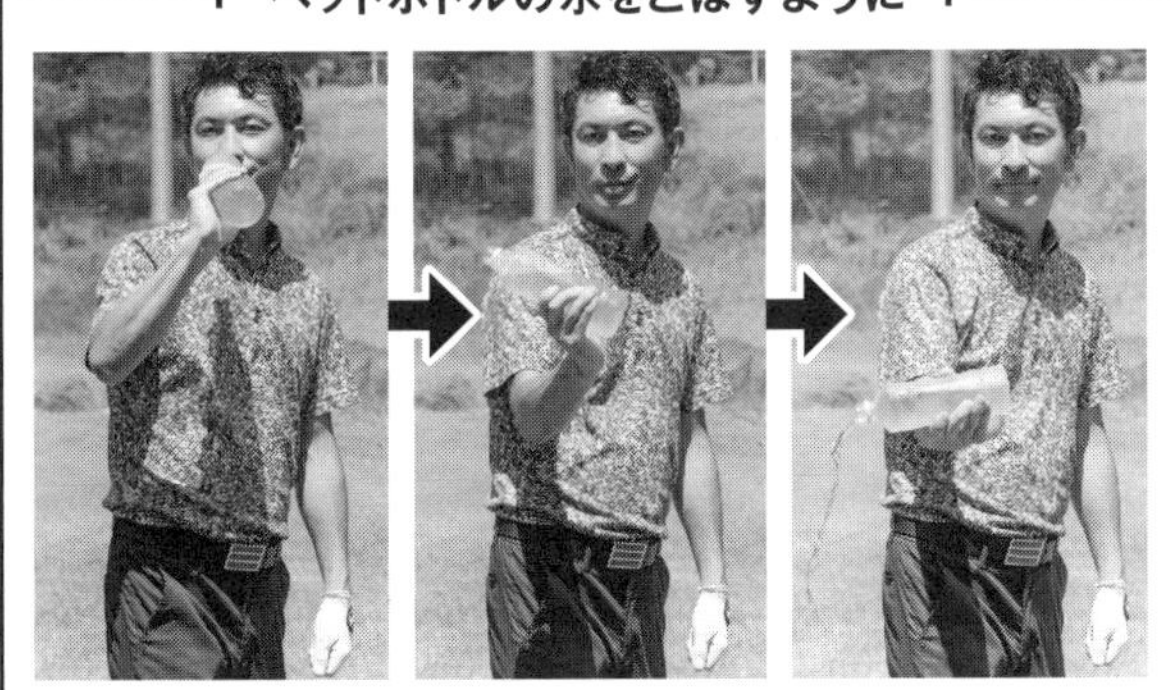

ダウンスイングのときは前腕を外旋させます。ペットボトルの水を前腕の右側にこぼすような感じで下ろします。

11 インパクトゾーンではキャリーケースを引くイメージで

引っ張り続けることで軌道も安定する

動きの説明の中で、「グリップを引っ張り続けることが大事」という話をしてきましたが、そのことについてもう少し詳しく説明しましょう。

動きとしては、吊り革を持っているトップから、体重が右軸から左軸に向かう辺りで腕の右側にヘッドが落ちていき、右手の角度を保ちながら右半身を使ってインパクトに向かってグリップを引き続けます。このグリップを引き続ける動きは、キャ

インパクトゾーンでのグリップの動きのイメージ

右ポケット辺りからはキャリーケースを引き上げるイメージで引っ張り続けます。そうすれば身体を止めることなくグリップを引き続けられます。

リーケースを引っ張る動きと似ています。そのイメージを持つことで、常にグリップを引っ張ってインパクトに向かうという動きに繋がっていきます。

二重振り子スイングで絶対に避けたいのが、身体が止まって手元がヘッドを追い越してフェースが返ってしまう動きです。常に引っ張っている状態をキープすることができれば、インパクトゾーンでのフェースの向きも安定します。

12 右腕の動き＋軸回転で投げ縄状態に

みぞおちリードでグリップを引っ張り続ける

　右腕の動きが分かったら、これに身体の軸回転を加えていきましょう。軸回転というのは、首の付け根に頭頂部が乗った状態をキープしながら、アドレス→右軸→左軸と動かすわけですが、軸回転に右腕の動きを加えると、それだけでクラブが弧を描く投げ縄状態になります。具体的な動きとしては、ダウンスイングでクラブが下りてきて、クラブが地面と平行になった辺りで左軸になります。そして、正しく軸回転が行われていれば、クラブが地面と平行になる辺りでターゲットラインとも平行になります。

　このとき、身体の開きが気になる人もいるようですが、みぞおちが先行していれば身体が開いていることにはなりません。開くというのは、みぞおちが先行せずに肩が突っ込んでいる状態のこと。みぞおちがリードして、みぞおちよりも右肩があとから出てくればOK。身体の動きを止めずに、グリップを引っ張り続けてください。

右腕の動きに軸回転をプラス

みぞおち

トップからジュースをこぼすようにして、右ポケットに下ろす右腕の動きに軸回転を加えると、クラブが弧を描く投げ縄状態になります。この動きだと、身体が開いているように感じる人がいるかもしれませんが、みぞおちが先行していれば身体が開いていることにはなりません。

13 左手は右手の動きに合わせる

左手は右手の邪魔をしないように

ここまで右手の動きを中心に腕の動きを説明してきましたが、その理由は、右手だけでやったほうが自然な動きになり、きれいな弧を描けるからです。そして、その右手が描いた弧を、両手でも描くことができれば、正しいスイングの完成となるのです。

ところがアベレージゴルファーの多くは、右手だけなら投げ縄スイングができるのに、両手でグリップした途端、投げ縄状態にならなくなります。その理由は、右手にとって投げ縄スイングの動きは、右手にとっては自然な動きでも、左手にとっ

右手の最下点の位置を覚えましょう。

この動きに左手も合わせる

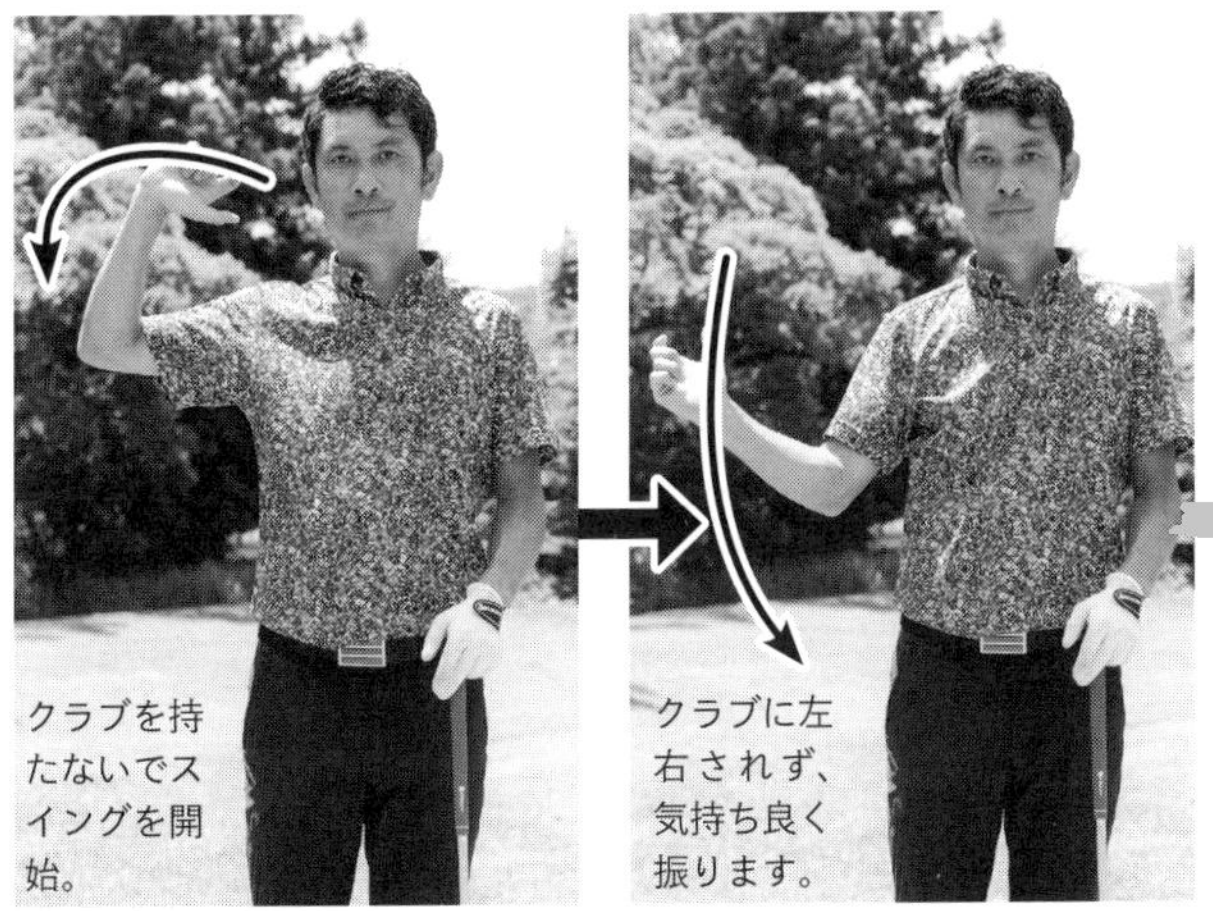

クラブを持たないでスイングを開始。
クラブに左右されず、気持ち良く振ります。

右手の動きをしっかり覚えて、それに左手を合わせます。右手のポジションに左手が届かないという人もいますが、そういう場合は、右手のポジションを少し緩めます。くれぐれも無理をしないように！

ては不自然な動きになるからです。

一度、クラブを持たずに左手だけを気持ち良く振ってみてください。そうすると左手の最下点は、左肩の真下辺りになるはず。これが気持ち良く振ったときの左手のインパクトポジションです。左手を右手に合わせるドリルはP172で紹介しますが、「左手は勝手な動きをせず、右手の軌道に合わせる」ことだけを覚えておいてください。

14 〝偏重心キャッチ〟ができれば軌道が安定する

クラブが軽く感じるところが正しい通り道

皆さんはクラブの重心がどこにあるかご存じですか？　バットのように棒状のものなら、先端と末端が釣り合う位置の棒の中に重心があるのですが、ゴルフクラブの場合、棒の先にヘッドが付いているので、重心はシャフト線上にはありません。写真のように、シャフトから少し離れたところにあります。ちょっと厄介な道具のように思われるかもしれませんが、重心がシャフト線上にない構造（偏重心構造）によって、重心位置のズレを感じる（これを偏重心キャッチといいます）ことができるという利点があります。

ところがアマチュアゴルファーの中には、このことに無関心の人が多く、それ

クラブの重心位置

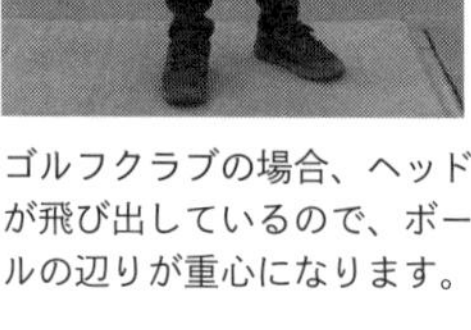

ゴルフクラブの場合、ヘッドが飛び出しているので、ボールの辺りが重心になります。

が正しい軌道を描けない大きな原因になっている場合もあります。

具体的にどう利用すればいいのか？　大事なのは、クラブが最も軽く感じる動かし方をすればいいのです。

トップの位置からクラブを動かす場合、最も抵抗が少ないのは、クラブが動いている方向と重心が並んでいる場合です。動いているシャフトの後ろに重心があれば、抵抗を感じることなく、クラブを引っ張ることができます。一方、ダウンスイングの入口でクラブが起き上がってしまったり、ヘッドが垂れ下がったりしてしまうと、引っ張る方向の後ろに重心がないので、スムーズに引っ張れないし、軌道も不安定になります。

少し難しい話になりましたが、P54で説明した「ペットボトルの水をこぼす動き」ができていれば、抵抗を感じることなくクラブを引っ張ることができます。

なお、重心を引っ張るのは、シャフトが地面と平行になる手前まで。そこから先は遠心力が働き、重心が外側に向かおうとするからです。また、それによってフェースは閉じようとする力が発生します。つまりフェースは自然と閉じるということ。できるだけクラブに逆らわないように、行きたい方向に動かしてあげることが大事なのです。

クラブが地面と平行になるまでシャフトの動く方向の後ろに重心が来るようにすれば、重心を引っ張ることができ、抵抗感なくクラブを動かせます。

引っ張る方向と重心が並んでいない（上か下にずれている）と、引っ張るのに力が必要になるし、スイング軌道も安定しなくなります。

OK ○ 引っ張る方向の後ろに重心が来ている

NG × 引っ張る方向の後ろに重心が来ていない

Column 1

70台ゴルファーが必ずやっているドリル その1

この本ではいろいろなドリルを紹介していますが、実はここで紹介するもの以外に、「70 台ゴルファーが必ずやっているドリル」というのがあります。いずれも、「どこかで見たことがある」というものばかりだと思いますが、それだけ効果があるということ。毎日とは言いませんが、練習ごとにやれば確実にスイングは良くなりますよ。

連続素振り

アドレスをとらずにテークバック～フィニッシュまで振ったらすぐに戻すという素振りを繰り返します。20 ～ 30 回連続で振るというのがひとつの目安です。

クラブを担いで肩を回す

背中にクラブを担いで肩を回すだけのドリルですが、みぞおちスライドの動きが自然と身につきます。連続素振りと組み合わせるとさらに効果アップ。

第2章

基本の動き

ゴルフに限らずすべてのスポーツは「基本」が大事。二重振り子スイングにおけるアドレス～テークバック～切り返し…と、スイングの基本的な動きを習得します。

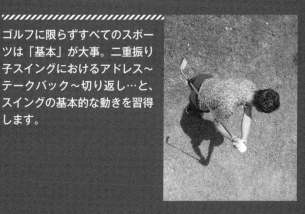

1 呼吸がしやすい姿勢で構える

思い切り息が吸えるかどうかをチェック

いよいよアドレスの話に入ります。まず姿勢に関してですが、身体の力が抜けていることが重要なポイントになります。そしてそのためには、前傾したとき呼吸がしやすい状態にすることが大事です。大きな深呼吸ができる姿勢です。そうすれば、二重振り子スイングのポイントになる背骨の湾曲もやりやすくなり、身体が回りやすくなるからです。

一度やってみると分かると思いますが、目一杯アゴを引いて胸を閉じて構えたり、逆にアゴを上げて胸を開いて（少し反るような感じ）構えたりすると呼吸がしにくくなるはず。構えてから深呼吸をしてベストの姿勢を探しましょう。

なお背中は、少し丸まっていても、反り気味になっていてもかまいません。一般的に若い人は少し反ったほうが呼吸が安定し、年配になると丸まったほうが安定する傾向があります。背筋に関してはあまり気にせず、自然に呼吸ができる姿勢になってください。

呼吸がしやすい姿勢を探す

スッと構えて呼吸をしてみましょう。身体を動かしているうちに、思い切り深呼吸ができる姿勢が見つかるはず。そこがアナタのベストポジション。背中の形はあまり意識しなくていいのです。

2 構えでは軸は右に傾けておく

右に傾いていればテークバックがスムーズに上がる

アドレスに関しては、一般的に言われているように「スタンスは肩幅」、「手元は身体の正面」、「頭はビハインド・ザ・ボールの位置に置く」などが基本となります。

その中でも特に意識して欲しいのは、軸を右に傾けることです。ボールを右斜め上から見るような感じで構えれば、テークバックでクラブがスムーズに上がるし、インパクトからフォロースルーにかけても、グリップを引き上げやすくなるからです。また、軸を右に傾けておくと、脇固定グリップもやりやすくなります。

逆に軸が左に傾き、身体が左に突っ込んだ構えになると、上から叩きつけるようなスイングになりやすいので注意しましょう。

右に傾ける角度で悩む人が多いようですが、左側にある壁を右手だけで押すとき最も力が入るポジションというのがひとつの目安となります。

ボールを右斜め上から見るような感じで軸を右に傾ける

身体の軸は少し右に
傾けます。
ボールの右側を
見る感じで。

軸を右に傾けておけば、テークバックでクラブがスムーズに上がるし、インパクト以降もグリップを引き上げやすくなります。身体が左に傾かないように注意しましょう。

3 テークバックではクラブを縦に上げる

縦に上げればクラブは後ろに倒れる

これまでも話してきたことですが、プロや上級者とアベレージゴルファーとの大きな違いは、切り返しのあと、クラブが後ろに倒れるかどうかです。プロや上級者はほぼ例外なく、ダウンスイングでクラブを後ろに倒していますが、アベレージゴルファーのほとんどがクラブを立てて前方に動かしています。何故このようなスイングになるかというと、ボールを打ちたいという気持ちが強いのと、身体を止めて手を返すという動きのほうがボールをしっかり叩くことができる気がするからでしょう。しかし、クラブが前方に動いてしまうと、遠心力によってヘッドが右前方へと投げ出される形になるので、クラブがアウトサイドから入ってきてスライスが出やすくなります。

この間違った軌道を修正するための方法はいくつかありますが、皆さんにぜひお薦めしたいのは、正しいテークバックを行うことです。実を言うと、テークバックで正しい動きをすれば、後ろ倒しのダウンスイングが思った以上に簡単にできるようになります。

逆にテークバックでおかしな動きをすると、トップからの切り返しでどんなにクラブを寝かそうと頑張っても、後ろ倒しにはならない場合があります。それぐらいテークバックは重要なのです。

ポイントとなるのは、クラブを縦に上げることです。テークバックに関して、「クラブは横に引く」というイメージを持っている人が多いようですが、インサイドに引いてしまうと、先ほどから言っている「切り返しで前から当てに行く」という形になるからです。

「縦に上げる」というのをさらに細かく説明すると、グリップを支点にしてヘッドを上げる動きになります。上げるのはグリップではなく、ヘッドです。これができればクラブが立って上がり、ダウンスイングではクラブが後ろに倒れやすくなって、インサイドから下りてきます。

切り返しからの動きを修正しようとするのではなく、まずはテークバックの動きを意識してみてください。

OK ○ 縦に上げると投げ縄状態が作れる

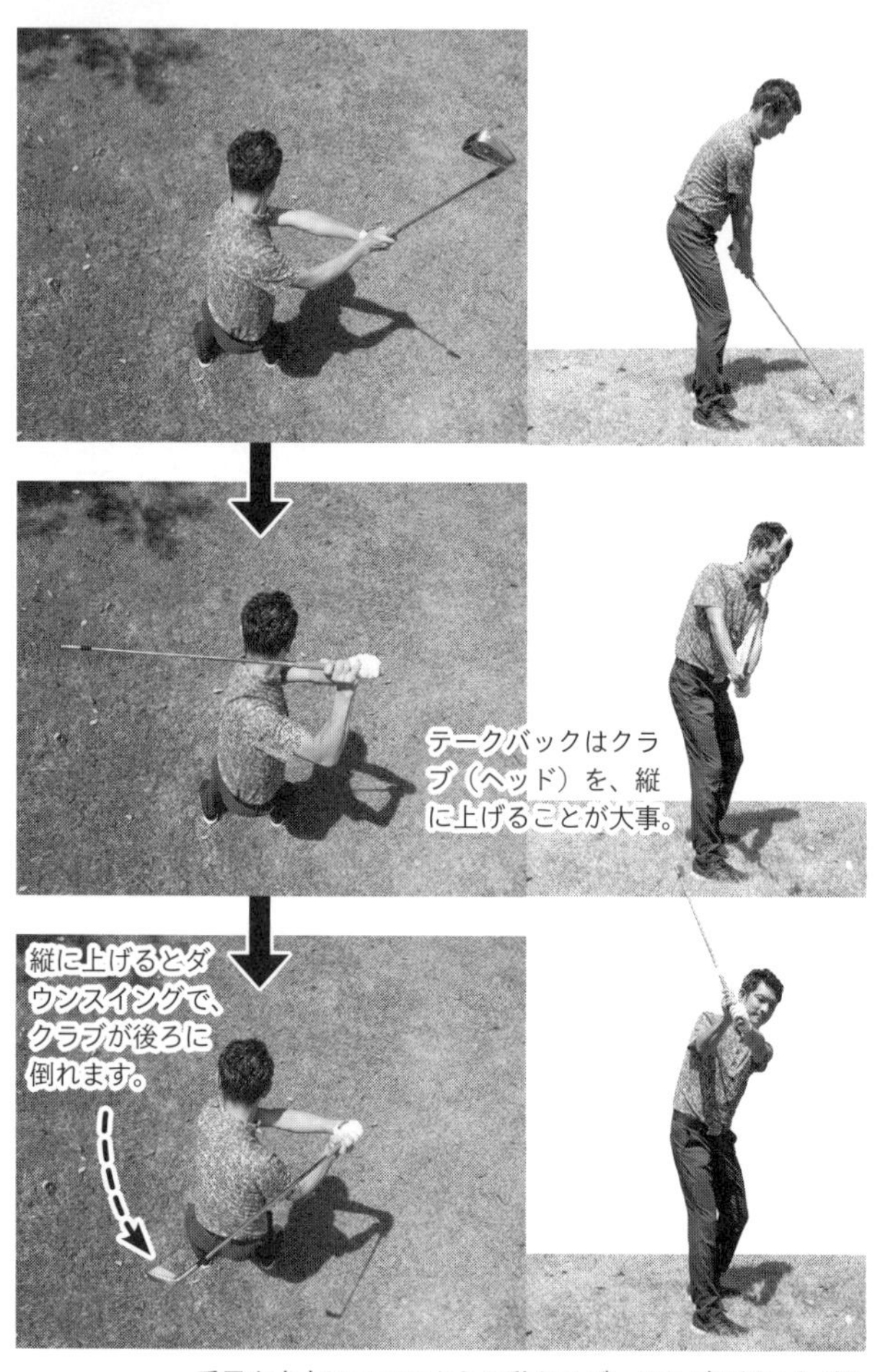

テークバックはクラブ（ヘッド）を、縦に上げることが大事。
縦に上げるとダウンスイングで、クラブが後ろに倒れます。

手元を支点にテコのように動かせば、クラブは縦に上がります。この動きをきちんとやれば切り返しでクラブが寝て、自然と投げ縄状態が生まれます。

NG× 横に引くと後ろ倒しができない

このようにクラブを
横へ引くと、ヘッド
が上がりません。
横に引くとダ
ウンスイング
で、クラブが
前に出やすく
なります。

テークバックで横に引いてしまうと、グリップが上がってヘッドが上がらず、シャフトクロスに。また、切り返し後もクラブが身体の前に出てくる形になりやすくなります。

最初に逆コックから脇固定ポジションに戻す

◉脇固定ポジションに戻して縦のコックを入れる

テークバックの動きについてもう少し詳しくお話ししましょう。

基本的には、みぞおちリードの軸回転と、逆コックの状態から脇固定グリップの位置に戻す動きを組み合わせた動きになります。これで、テークバックの前半の形が完成します。後半に関しては、上腕の通り道の基本軌道にそって上昇して、吊り革ポジションに収まればOKです。

さらにここに、リスト回旋による縦回転を加えます。逆コックから脇固定グリップに戻すときに、縦のコックを入れるということです。

この時点で縦のコックが正しく入ると、手元よりもヘッドが身体の前に出て、フェースの角度は前傾姿勢の角度と同じになるはずです。大事な部分ですので、鏡や動画などでチェックしてください。

◉みぞおちからスタート

始動に関しては、みぞおちからスタート。テークバックでも体幹を最初に動かし、腕、手元の順番で動かします。一般的に、「テークバックではグリップを引いて使え」といわれますが、その理由は、グリップを先行させたほうが、切り返しでグリップとヘッドの時間差を作れるから。先にグリップを引けば、ヘッドがあとから上がってくるからです。

ただ、二重振り子スイングの場合、脇固定ポジションでスイングをしているので、グリップが極端に先行しなくても、自然と時間差が生まれます。

◉右肘を少し曲げればスムーズに上がる

テークバックのゴールは吊り革のポジションですが、いきなり吊り革のポジションに持って行くのには無理があります。その理由は、アドレス時の右肘の位置が、右肘を上げたいルートよりも前に出ているからです。

この問題を解決するために、右肘が少し曲がっていた脇固定ポジションに持っていってから上げるようにしましょう。そうすれば気持ち良くトップに上がってくれます。

テークバックで脇固定ポジションに戻す

脇固定ポジションからのテークバック。

基本的に逆コックの構えから脇固定ポジションに戻すのですが、みぞおちスライド、縦コックが入っている分、脇固定ポジションとは少し形が異なります。

縦コックの入れ方

左手の動きが大事。右手の下にスルッと持ってくれば、自然と縦コックができます。

左手を右手の下に滑り込ませるように入れると縦コックができます。これによって、手元ではなくヘッドが持ち上がります。

5 軸回転における正しい体重移動の方法

右軸をキープしたまま左側への体重移動が始まる

ダウンスイングでの腕の動かし方は、第1章でお話したので、ここでは軸回転における体重移動について解説します。

右軸から左軸へ体重の移動を行っていくときに大事になってくるのが、左足を踏み込む動きです。このときに意識してほしいのが、右軸（右股関節上にみぞおちがある状態）をキープしたまま左足へ踏み込むことです。

具体的には、体重が右軸に乗っているとき、身体は左へ側屈していて、腰に対して胸は30度ぐらい捻られた状態になっています。その胸と腰の捻転差と、左への側屈をキープしたまま左足に踏み込むことがポイントになります。

そして、みぞおちスライドで右へ側屈させます。もう少し細かく言うと、みぞおちスライドのスタートと同時に左足を踏み込むというのが正しい動きです。

◉右軸を保ったまま左へ踏み込むには!?

右軸から左軸への移動の際の動きを詳しく説明しましょう。

まず右軸のまま、両膝をターゲットと平行に戻すように軽く曲げます。このとき、右の脇腹が少し伸びている状態をキープしましょう。そうすれば、左足を踏み込んだときに強くカカトを踏み込むことができ、捻転差も保たれた状態になっています。

そして踏み込んだ直後に、腰を左に切ると同時に右側屈の動きを入れます。多くのアベレージゴルファーは、両膝が正面に戻ったときに、側屈と捻転が解けてしまいますが、そうすると上体から打ちに行く体勢になりやすいので注意してください。

また、左足に踏み込む前に右へ側屈してしまうと、しゃくり上げるような姿勢になってしまうので、これも厳禁です。

重心が移動しながら腰の向きが変わる動きをイメージして、そのまま左軸に持って行くように。踏み込んだあとは左足で地面を蹴り、左半身は左手で地面から何かを引っこ抜くような動きになるのが理想です。

両膝のラインをターゲットと平行に戻す

両膝をターゲット
と平行に。

左足カカトを強く
踏み込みます。

切り返し後、両膝をターゲットと平行に戻すように軽く曲げ、右の脇腹が少し伸びている状態をキープ。この状態から左足を踏み込めば、左足カカトを強く踏み込むことができます。

踏み込み時は右軸キープが最大のポイント

捻転差をキープしたまま、
左足を踏み込みます。

左手は下から上へ。あたかも地面から何かを引っこ抜く感じ。

踏み込んだ後は、左足で地面をキック。

腰と胸の捻転差と、左への側屈をキープしたまま左足に踏み込むのがポイント。踏み込んだ後は、左足で地面を蹴り、左手で地面から何かを引っこ抜くような動きをしましょう。

体重移動とリスト回旋の関係

踏み込む動きとサムダウンが連動する

次にダウンスイングにおける体重移動とリスト回旋について解説します。トップからのダウンスイングでは、リスト回旋の動きも入ってきます。このときのリスト回旋を、両手親指が下を向くことから〝サムダウン〟と呼んでいます。

さて、体重移動とサムダウンに関しては、踏み込む動きとサムダウンが連動します。親指が下がり始めたときは、身体は左に側屈していて、左手首は掌屈状態。そしてこのポジションから左軸に向かうことによって、腕が右腰のほうに下ろされます。

サムダウンの動きに入ったときに、体重移動がタイミング良く行われると、手元の高さがこぶし1個分前後下がって、右肘が安定するポジションに収まり、右腕の動作のところでやった「ジュースをこぼす位置」に入ってきます。ここまで来たら、もうレールに乗ったようなもの。あとはグリップを引っ張り続けるだけです。

サムダウンと同時に左足を踏み込む

ダウンスイングで行われるサムダウン

体重移動にともなって行わなければいけないリスト回旋。ダウンスイングでは腕を振る前にリスト回旋が入り、サムダウンと同時に左足を踏み込みます。

7 ダウンで腰を沈めることで回転がスムーズに

インパクト前に腰が浮くのを防げる

アマチュアゴルファーのスイングでよく見られるのが、ダウンスイングで腰を回そうという意識が強すぎて、インパクト前に腰が浮いてしまうケース。この時点で腰が浮いてしまうと、強くボールが叩けなくなるだけでなく、スイング軌道もズレてしまうのできちんとボールをとらえられなくなります。

腰が浮かないようにするためにはどうすればいいか？　意識して欲しいのは、ダウンスイングで腰をグッと沈める動きです。

そして、インパクトからフォロースルーでは、左上に向かって腰を切り上げます。トップからフォロースルーでこの動きができるようになれば、腰の回転がスムーズになると同時に腰がしっかり入ったスイングになり、ボールが強く叩けるだけでなく、スイング軌道も安定します。これはかなり難しい動きですが、頑張ってトライしてください。

ダウンスイングでは沈む動きも必要

トップからすぐに回転しようとすると腰が浮いてしまい、回転も鈍くなります。強くボールを叩くためにも腰をダウンで下げる意識を持つことが大事。最初は大げさにやってみましょう。

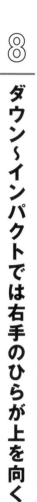

ダウン〜インパクトでは右手のひらが上を向く

右手のひらを目標方向に向けるのはＮＧ

インパクトで最も意識することはと聞かれたら、ほとんどのゴルファーは、「真っ直ぐボールを飛ばすために、フェースをスクエアに当てること」と答えるのではないでしょうか。その考え自体は決して間違っていません。ボールの飛び出す方向はフェースの向きによって決まるので、フェースを大きく開いたり、閉じたりしないようにするというのは基本です。

問題は、そのやり方。多くのゴルファーは、フェースをスクエアにするために、右手のひらを目標方向に向けようとします。しかし、これは間違い。

左ページの写真のように、右手首の角度をキープしたままインパクトに向かい、インパクト後、右手のひらを上に向けるというのが正解。身体が回っていればフェースはスクエアに戻るからです。また、そのほうが手元よりもヘッドが遅れてきてヘッドスピードがア

インパクト前後の右手のひらの正しい向き

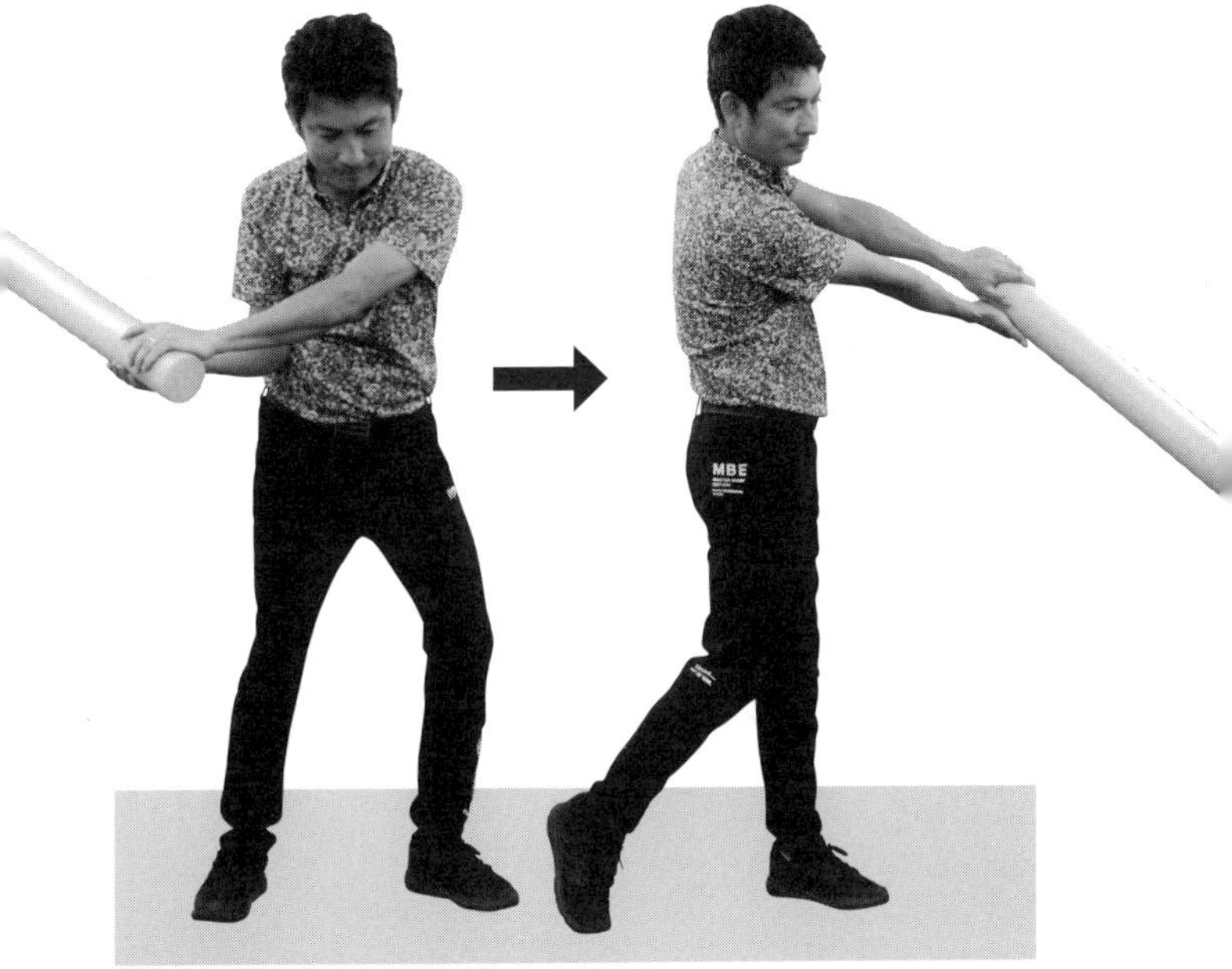

手首の角度をキープしてインパクトゾーンに入り、インパクト後は手のひらを上に向けます。

ップするし、インパクト〜フォロースルーにかけてクラブを引き上げる動きにも繋がります。

9 インパクト～フォロースルーの身体の開き

左胸が目標を指し、右胸は地面を向く

「今のスイングは身体が開いていたよ」というアドバイスを受けたことがある人も多いはず。しかしこのアドバイス、正しいことを言っているようですが、実は〝ちょっと問題あり〟なのです。というのも、「身体が開いている」と言われると、ほとんどのゴルファーが肩を閉じたまま打とうとして、手打ちになってしまうからです。

プロのインパクトを見ても分かるとおり、肩と腰のラインは飛球線に対してはオープン。つまり、基準が飛球線に対して0度（まったく開いていない）か0度以上（開いている）かということであれば、肩は開いているわけで、実際には30～40度オープンになっています。だから開いていていいのです。ただし、正しい開き方があります。それは、左胸が目標を指して、右胸が地面を向いているポジション。インパクト～フォロースルーでこの形になっていれば、正しくクラブが動いている証拠。自分の形をチェックしてみてください。

インパクトでの理想の身体の開き

左胸は目標を指す

右胸は地面を向く

正しくクラブを動かすためにも、肩は回っているけど身体は開いていないという形を作ることが大事。インパクト～フォロースルーで、左胸が目標、右胸が地面を向いているのが理想です。

強い球を生むビハインド・ザ・ボール

右肩が下がったインパクトだと球が押し込める

飛距離を伸ばすためにも、強いインパクトを実現したい。多くの人はそう考えていると思いますが、そのためには、軸が右に傾いた体勢でインパクトを迎えることが重要なポイントになります。形としては、右肩が下がっていて、ボールを右側からのぞき込む、いわゆるビハインド・ザ・ボールの姿勢です。

何故、このような形になっていなければいけないのか？　インパクトで軸が右に傾いて右肩が下がっていると、インパクト～フォロースルーでクラブを引き上げる動きがスムーズになるからです。また、ボールを強く押し込むこともできます。

それに対し、右肩が上がった状態だと、フォロースルーで弧を描けなくなってしまいます。また、打ち込むようなスイングになるとインパクトでフェースがかぶってしまうため、手元を解く動きを誘発してしまいます。

〝ダウンブロー〟というと、軸を左に傾けて上から叩き込むようなイメージを持っているゴルファーが多いようですが、それは間違いなのです。本当は、低いところから引き上げるのが正解で、グリップの位置で言えば、最下点から少し上がった付近でインパクトを迎えるというのが理想です。

では、インパクトで軸を右に傾けた体勢にするためにはどうすればいいのか？　アドレスのときからその体勢で構える必要があります。

とはいえ、ドライバーでは軸を右に傾けることができても、アイアンの場合はダフりそうで怖いという人もいるのではないでしょうか。そのため、アドレスではついついボールを右寄りに置き、軸を左に傾けてしまう人が多いようです。

正直言って、これに関しては、〝ダフりの恐怖〟との戦いになります。ひとつアドバイスをするとしたら（アドバイスになるかどうか分かりませんが）、構えたとき、「ダフりそうだな」という感覚があるほうが、体勢的にはちょうどいい感じになります。また、構えたときに右肩が下がっていないと、テークバックで左肩がアゴの下に入りにくいという問題もあります。ぜひ、軸を右に傾けた構えとインパクトを意識してください。

スイング中、軸は右に傾けておく

軸を右に傾けておけば、回転もスムーズになるし、ボールも強く叩けます。地面から打つアイアンショットでも、この体勢をキープすることが大事。

軸が左に傾くと弧が描けない

軸が左に傾くのはNG。
「上から叩き込む」
という言葉に騙されて
はいけません!

軸が左に傾いていると、フォロースルーできれいな弧が描けなくなります。特にアイアンショットは、左に傾いて上から打ち込みたくなりますが、それがミスの原因になるのです。

11 インパクトからは積極的に左肩を上げる

支点を振り上げることでヘッドスピードが増す

何度も言っていますが、スイングは振り子運動です。最下点から上昇軌道に乗せるのが自然な動きで、この動きがあるからこそボールは飛びます。だから、インパクトからフォロースルーにかけては、クラブをしっかり引き上げることが大事です。

この動きをもう少し詳しく説明しましょう。スイングというのは手だけを振るのではなく、身体の動きとともに手が動くことによって完成します。例えばインパクトでは、身体が回ってそこに手がついてきているのですが、手のみの動きを見ると、両手とも右ポケットの横にあり、腰が回転することでインパクトの形になります。そして、そのあとは、左肩を上昇させることでクラブを引き上げるというのが正しい動きになります。

もちろん、延々と引き上げ続けるわけにはいかないので、手元が腰の高さまで来たらシャフトを立てて振り抜きますが、そこまではしっかり引き上げる動きが必要なのです。

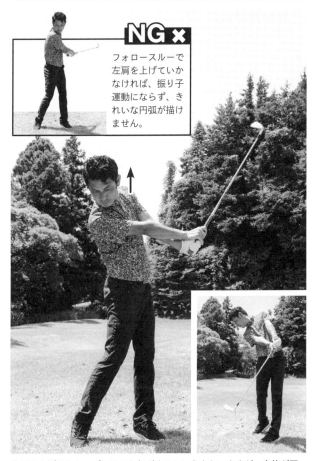

左肩を上げれば手元も上がる

NG ×

フォロースルーで左肩を上げていかなければ、振り子運動にならず、きれいな円弧が描けません。

左肩を上げるとトップしそうな気がするという人もいますが、身体が回っていればボールをしっかりとらえることができます。逆に、左肩を上げていかないと、身体が下向きに動きながら打つことになるので、振り子運動でボールをとらえることができなくなります。

12 フォロースルーではシャフトを立てる

右腕と左腕を入れ替える動きが必要

フォロースルーでクラブを引き上げたら、ここからグリップとヘッドの高さを入れ替える動きが必要になってきます。

多くのアベレージゴルファーは、この腕の入れ替えがうまくいかず、身体の左側でシャフトを寝かせてしまいがちですが、そうするとフェースがかぶってしまいます。また、フェースの向きを安定させるため、インパクト後、手首の角度を変えずにそのまま真っ直ぐ腕を押し出したほうがいいと思っている人もいるようですが、これではヘッドスピードが上がらず、飛距離が出ません。

そのようにならないためにも、シャフトを立てる意識が大事。インパクトのあとは身体の回転と同時にグリップエンドを身体のほうに引き込み、ヘッドを外方向に動かしながら、右腕と左腕の高さを変えてシャフトを身体の正面で立てるように動かしましょう。

身体の正面で立てる意識が大事

インパクト〜フォロースルーで左肩を引き上げたら、右腕と左腕の高さを入れ替え、シャフトを立てます。身体をしっかり回して、身体の正面で立てるようにしましょう。

フィニッシュは腕を肩まで上げればOK

大きなフィニッシュがミスの原因に

二重振り子スイングでは、大きなフィニッシュは必要ないと考えています。その理由は、インパクト前後の弧がしっかりできていればいいと考えているからです。

ではどこまで上げればいいのか？　基本的には、手元が肩の高さぐらいになるところ。ここまで引き上げることができれば、大きな力をボールに伝えることができます。逆に、身体の後ろまで振り切ろうとすると、力みが出てしまってインパクト前後でヘッドスピードが減速してしまうことがあります。また、インパクト後の〝手元を引き上げる〟動作が疎かになる場合があります。さらに付け加えれば、「フィニッシュまで一気に」という意識が、スイングを崩す原因となる〝打ち急ぎ〟に繋がることもあります。

大事なのは、フォロースルーでグリップを引き上げること。惰性でクラブを後ろまで持っていくのはかまいませんが、引き上げるという動きが疎かにならないようにしましょう。

肩の辺りまで上げれば十分

フィニッシュは
腕を肩まで。

NG×

大きなフィニッシュのほうが飛びそうだが…

大きなフィニッシュのほうがカッコいいし、目一杯、しかも力強く振り切れば振り切るほど飛距離が伸びると思っている人が多いようですが、メリットはほとんどありません。

インパクト～フォロースルーで大事なのは、グリップを引き上げること。これができていれば、最大の力が伝わるので、フィニッシュは腕が肩の辺りまで上がればOK。

Column 2

70台ゴルファーが必ずやっているドリル その2

ハーフスイングでボールを打つ

スイングの基礎を作るドリル。単にボールをポンポン打つのではなく、身体の動きやフェースの向きなども確認しながらやりましょう。

ティーアップしたボールをアイアンで打つ

ティーアップしたボールを打つ練習です。ゴムティーに当たらないようにボールだけクリーンに打つ。この練習をすることで、グリップが低いところを経由して、やや上昇しながら抜けていくスイングがマスターできます。

片手打ち

これもポピュラーなドリルですが、上腕と体幹の一体化を覚えるのに抜群の効果があります。最初は小さく、慣れてきたら大きく。大きく振ると右肘が身体から離れますが、一体化していれば元のポジションに戻ってきます。

第3章

二重振り子スイングをさらに完璧なものに!

第2章で基本的な動きを覚えたら、今度はスイングにおける身体やクラブの動かし方を、さらに入念かつ的確にチェックしましょう。

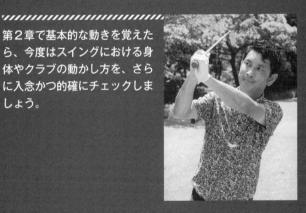

1 右手の感覚を変えずに両手でスイングしたい

左手を右手に合わせる練習を積もう

右手の感覚を変えずに両手で二重振り子スイングをするためには、P60でお伝えしたように右手の動きに左手の動きを合わせればいいのですが、いざクラブを持つと右手の動きを左手が邪魔してしまう人も多いようです。〝左手が右手を邪魔してしまう〟理由は、主に2つあります。その理由、並びに原因と対策をお教えしましょう。

【〝邪魔をしてしまう〟理由1】

「そもそも右手を下ろすべきポジションに、左手は下ろしにくい（左手が右手に届きにくい）から」

原因1▼左手の最下点は、左肩の真下に来るのが自然な形です。なので、左手を気持ち良く振ると左手の最下点は左肩の真下となり、右手の最下点の位置＝右ポケットの横より左手の位置が自分から見て左側へずれてしまいます。

原因2▼左の肩甲骨がせり上がる動き（首がすくむような動き）があると、左手の通り道が高くなると同時に、左手が下ろしにくくなり、右手の通り道からずれてしまいます。これを防ぐためには「前傾姿勢を保つ」こと、そして「左の肩甲骨をインパクト直前まで丸めておくイメージを持つ」ことが大事です。

対策1▼右手を右手の最下点の位置＝右ポケット横に持っていき、左手を脇固定ポジションの位置から斜め上に振り上げ右手の位置まで下ろしましょう。

対策2▼ベルトに棒を挟むドリル（P178「ベルト棒刺しドリル」参照）で、左手1本でスイングしましょう。

対策3▼トップからダウンスイングにかけて、左肩を丸めるイメージ（左の肩甲骨を引き出しておくイメージ）でスイングしましょう。

【〝邪魔をしてしまう〟理由2】

「右手のリスト回旋と同じ方向（右回り）へのリスト回旋を、左手にもさせることが難しいから」

原因1▼これをやるためには、左手の掌屈（手首を手のひら側に曲げる）が必要ですが、左手を気持ち良く振り下ろすと背屈（掌屈と反対）しやすいので、右手のリスト回旋方向に合わせるのが難しくなるのです。

対策1▼左手1本で太いものを振りましょう。そうすると、手の中で安定して握れる場所を見つけることができます。

対策2▼左手グリップの親指と人差し指を外し、左手1本でスイングしましょう。そうすれば、左手は自然と掌屈します。

対策3▼ズボンの右ポケットに、左手の親指を上から入れましょう。これをやることで、自然と左手が掌屈する動きを覚えることができます。

対策4▼左手1本で開いた傘を右に回しながら下ろしましょう。

……以上です。これらの動きができると右手で振った気持ち良いスイングを左手が邪魔しなくなり、片手の感覚と両手の感覚が近付いてきます。

右手を右ポケットの横に下ろすのが正解

右手は右ポケットの横に下ろすのが正しい動きですが、左手を気持ち良く振ると、左肩の下辺りが最下点になります。このギャップを埋めるために、左手はできるだけ右手の動きに合わせるようにしましょう。

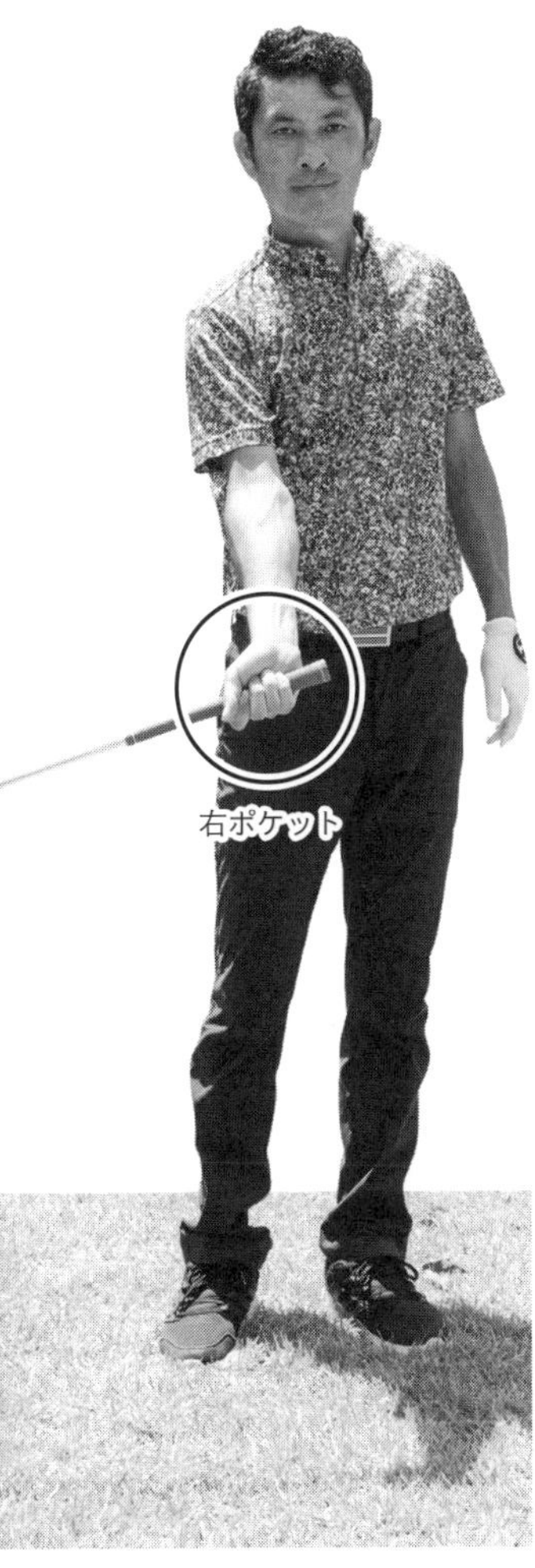

左手を気持ち良く振ったときの最下点

2 アッパーブローとダウンブローの違いとは？

異なるのはボールの位置だけ

「ドライバーはアッパーブローで、アイアンはダウンブローで打ちましょう」などといわれますが、その違いをきちんと理解している人は少ないようです。

正解からお伝えすると、アッパーブローであれダウンブローであれ、クラブが弧を描くという動き自体は同じで、打ち方に違いはありません。アッパーブローだからすくい打つ、ダウンブローだから上から叩き込むということではないのです。

では、どうすればその違いが出るかというと、弧を描く軌道の〝どこでインパクトするか〟です。ヘッドが上昇しているときにインパクトを迎えればアッパーブローに、逆にヘッドが下降しているときにボールに当たればダウンブローになります。つまり、どんなクラブを持ったときでも同じ弧を描けるゴルファーであれば、ボールの位置を変えるだけでアッパーブローとダウンブローを打ち分けられるということです。

アッパーブローとダウンブロー

アッパーブローとダウンブローは、打ち方は同じ。違うのは“軌道のどこでインパクトするか”で、最下点より先で当てるのがアッパーブロー、手前で当てるのがダウンブローになります。

3 どうすればダフリを克服できるのか？

わざとダフる練習が効果的

コースに出るとダフってばかり。ほとんどのゴルファーは練習不足を痛感するようですが、練習時間が限られている一般アマチュアの皆さんが、ロボットのようなスイングを手に入れるのはほぼ不可能です。ただ、ダフリに特化した練習法はあります。

それは、最初にダフってからボールを打つ練習です。最初にダフるといっても、上からドスンと地面にヘッドを落とすわけではありません。ヘッドを低い位置から入れて、ボールの手前に一度ソールを着地させ、そこから地面をコスリ上げるようにしてボールを打つ練習です。まずは右手1本で、手前からコスリ上げるようにしてみてください。そしてこの動きを覚えたら、両手でグリップして同じようにダフってから打つ練習をしましょう。

逆療法のようですが、この練習をやることによって、〝上からドスン〟という最悪のダフリを避けることができるほか、ダフリの恐怖からも解放されるはずです。

きれいに入れようとするとダフる

地面に当たらないギリギリの位置にヘッドを入れようとするほどダフりやすくなります。

ダフりに悩む人に効果的なダフり練習法

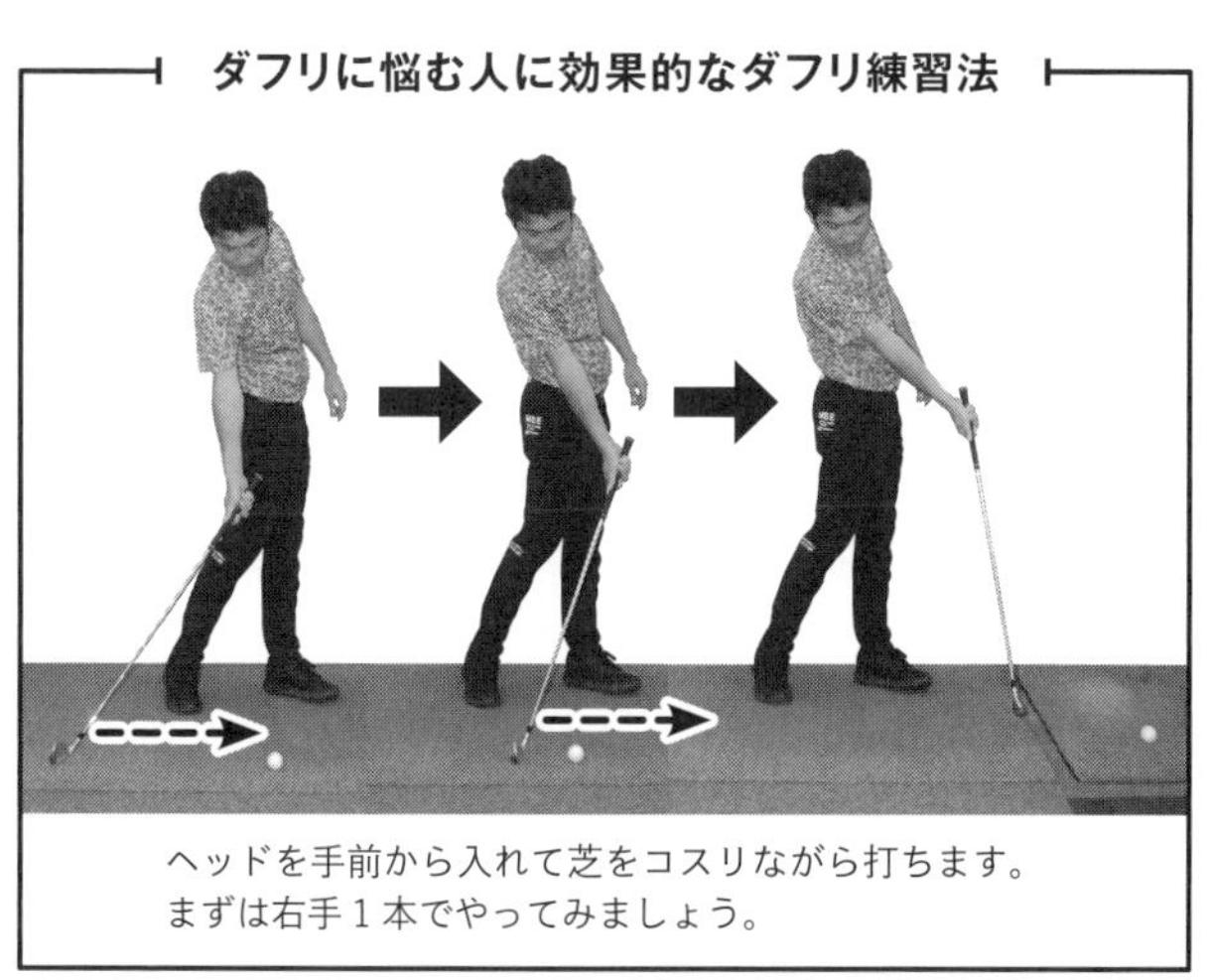

ヘッドを手前から入れて芝をコスりながら打ちます。
まずは右手1本でやってみましょう。

インサイドアウトの軌道でスライスは直る？

インサイドアウトは引っかけの原因に

スライスを直すにはどうしたらいいか。絶対にやらないほうがいいのは、インサイドアウトの軌道で直そうとすることです。インサイドアウトを意識すると、身体が右を向いたままインパクトを迎えてしまうので、ヘッドがボールに届かなくなります。その結果、無理にヘッドを届かせようとして、ヘッドが閉じて引っかけが出ます。もちろん、それで直ればいいのですが、肩の動きを止め、右向きのまま振ってしまう人がほとんどです。

ではどうするか。もったいぶってしまいましたが、根本的に直すなら切り返し以降、クラブを落下させる際に腕の右側で手元を落とすとフェースが閉じます。これに身体の回転が加われば、閉じたフェースにボールが当たるのでスライスは出にくくなります。このときの右腕の動きは、P54～55で紹介した「ペットボトルの水をこぼす動き」。自然とできるようになるには練習が必要ですが、これをマスターすればスライスは直ります。

インサイドアウトを意識すると右向きのまま振ってしまう

インサイドアウトに振ろうとすると、身体が右向きのままになってしまい、ヘッドを無理に届かせようとして引っかけが出やすくなります。

ペットボトルの水をこぼす動き

腕の右側で手元を落として右ポケットの横に下ろし、これに身体の回転を加えればフェースは確実に閉じます。

5 正しいシャローと偽シャロー!?

ダウンスイングの前半でヘッドをプレーンに乗せることが大事

ダウンスイングではペットボトルの水をこぼす動きをするわけですが、それを見て「シャロースイングに似ている」と思った人も多いのではないでしょうか。確かにクラブは寝ているように見えます。しかし、ただ寝かせればいいというわけではありません。

一時期、シャロースイングが大流行したときにも同じような勘違いをした人がいましたが、シャローだけを意識すると切り返しで右肘が下がり、ここから無理に寝かせようとすると、ハーフウェイダウン辺りでクラブがインサイドから入ってきます。そうなると、プッシュアウトしたり、フェースがかぶって引っかけが出やすくなります。

ダウンスイングの前半でクラブが寝て、ヘッドがプレーン上を動くというのが正しいシャローの形。右手がペットボトルの水をこぼす動きをしていれば自然とそうなるので、無理に寝かせないようにしましょう。

正しいシャロースイング

右手がペットボトルの水をこぼす動きをしていれば、ダウンスイングの早い段階でクラブが寝て、ヘッドがプレーンに乗ります。ハーフウェイダウンで、クラブが飛球線と平行になっていればOK。

偽のシャロースイング

無理に寝かせようとすると、身体が起き上がって右肘が下がります。その結果、ハーフウェイダウンでクラブがインサイドから入ってくるので、そのままプッシュアウトするか、フェースがかぶってしまいます。

6 アベレージゴルファーに「手打ち」が多いのは何故？

身体の正面でボールを打とうとするのがそもそもの間違い

アベレージゴルファーには「手打ちになっている」といわれる人が多いわけですが、そうなる原因のひとつに、身体の正面でインパクトをしなければいけないと思っていることが挙げられます。さらに付けくわえれば、多くの人がフェースをスクエアに当てようとして身体の動きを止め、正面を向いたままボールを打とうとしています。その結果、腕が身体の正面を横切ってしまい、ボールにヘッドをぶつけるような振り方になるので、フォローでは左肘が引けるような形になってしまいます。

実際、プロや上級者のスイングを見ると、インパクトでの腕のポジションは身体の右側。フォロースルーでようやく正面に戻ってきます。フォローで右腕が身体の左にある一般ゴルファーとは、大きく違うことが分かるはずです。まずは身体の正面でボールをとらえるという考えを捨てましょう。そうしないといつまで経っても手打ちは直りません。

OK ○ インパクトのとき腕は身体の右側

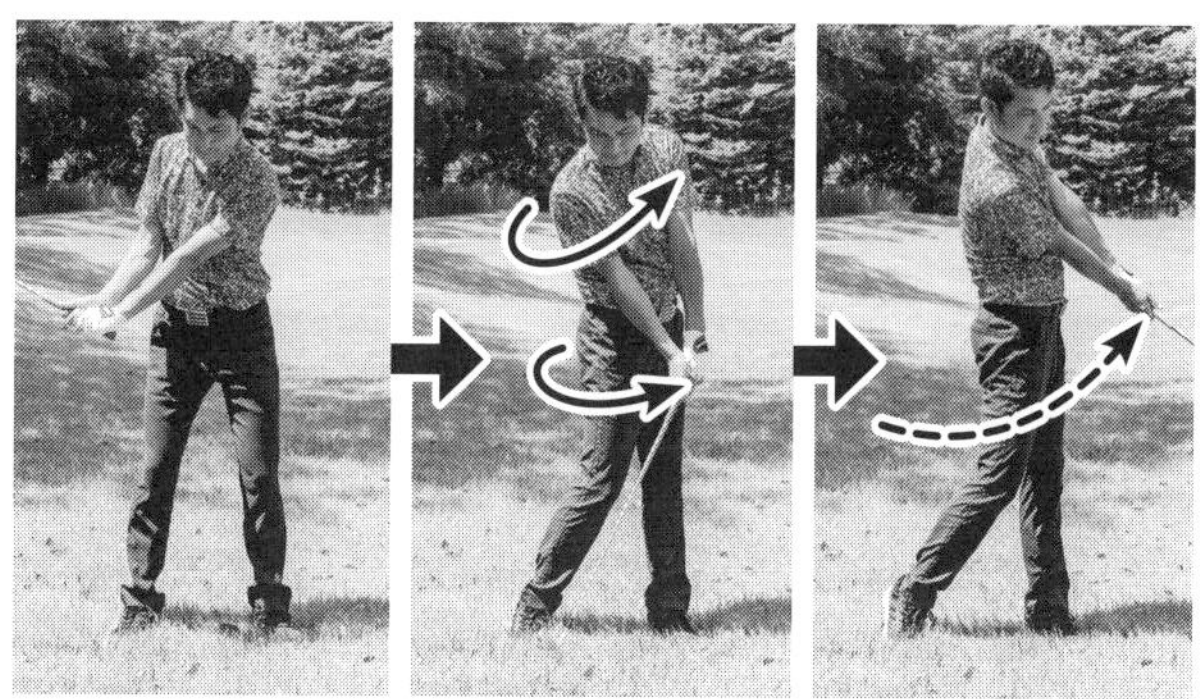

インパクトのとき、身体が回転しているので腕が正面にあるように見えますが、実際は身体の右側にあり、フォロースルーで初めて身体の正面に来ます。

NG × インパクトのとき腕は身体の正面

身体の動きを止め、身体の正面でボールをとらえようとすると、手だけで振ってしまうことになります。これが多くの人がやってしまう手打ち。

7 トップでは左腕がピンと伸びているべき？

左腕は無理に伸ばさなくていい

「トップでは左腕が伸びていないといけない」。アベレージゴルファーにはそう思っている人も多いのではないでしょうか。実際、ツアープロのスイング写真を見ても、ほとんどの人が伸びています。

この点に関しては、それぞれの身体の使い方によって変わってくるというのが正解です。まず代表的なのが、右肘の高さによって変わるケース。二重振り子スイングのトップでは、「右腕はジュースを飲むような形にしましょう」という話をしていますが、ジュースを飲む際、右肘を高く上げたほうが飲みやすい人もいれば、右肘をそれほど上げないほうが飲みやすい人もいます。この右肘の高さによって、左腕の形も変わってきます。

実際にやってみればわかると思いますが、右肘が下がっている場合、左肘を伸ばしたままでは右手に届かないので必然的に左肘は曲がります。一方、右肘が高い場合は、左腕を伸ばしたままでも右手に届くので左肘は伸びます。

また、「伸びる、伸びない」の分かれ目はもう1つあって、トップのとき左手の甲が掌屈（手首が手のひら側に折れること）する人と、背屈（手首が手の甲側に折れること）する人とで落ち着く場所に個人差が出てきます。掌屈する人は、手元が低くなるので左肘も曲がりやすく、背屈する人は手元が高くなるので左肘も伸びやすくなります。

スイング的には、左腕が曲がっていようが伸びていようが、また、トップの位置が高かろうが低かろうが、大きな影響はありません。大事なのは、ダウンスイングからインパクトにかけて、クラブを引っ張り下ろせるかどうか。これが最もスムーズに行えるようなトップの形になっていればそれでいいのです。


トップのときの左手首の形によっても左手の伸びは変わってくる

左手首が手のひら側に折れる掌屈の場合、手元が低くなるので左肘は曲がりやすくなります。

左手首が甲側に折れる背屈の場合、手元が高くなるので左肘は伸びやすくなります。

8 二段モーションは直すべきか？

スイングが安定していれば無理に直す必要なし

アマチュアゴルファーの中には、二段モーションになっている人をよく見かけます。良いか悪いかと言われれば、あまりお薦めできません。バックスイングが二段階になることで、インパクトに向かうパワーが逃げるし、スイング軌道も狂いやすくなるからです。

ただ、必ず直さなければいけないかというと、そうでもありません。ゴルファーによっては二段モーションでスイングすることで、気持ち良く、しかも安定した軌道になっている人もいるからです。だから二段になることで円弧がゆがんでいる場合を除いて、無理に直すことはありません。見た目は違和感があっても、慣れたフォームのほうがナイスショットしやすいということもあるのです。

どうしても気になるという人は、P186の「左足踏み込みドリル」をやってください。正しい体重移動が身につけば、二段モーションも自然と改善されます。

円弧がゆがんでなければOK

二段モーションになっても、“吊り革”のトップに戻り、ダウンスイングで投げ縄状態になっていれば問題ありません。

二段モーションは“必ず直さなければいけない”ものではありません。

スイング軌道が狂いやすい二段モーション。直せるのなら直したほうがいいですが、それによってスイングそのものがおかしくなることもあります。

頭が右に傾くのを直したい

ダウンスイングでのボールや地面の見え方でチェック

基本的にスイング中は右肩が下がった状態になっていたほうがいいわけですが、頭が右に傾くのはNGです。右肩が下がっても顔の中心部のラインは、「真っ直ぐ」をキープするというのが鉄則です。

その形をチェックするには鏡を見るのが一番ですが、ダウンスイングをしたときの地面やボールの見え方で判断するのもひとつの方法です。インパクトゾーン辺りで顔が傾いていなければ、ボールや地面の見え方は変わらないはず。しかし、頭が右に傾くと視界が傾き、地面の右サイドが下がっているように見えます。まずはこの点に注意してください。

頭が右に傾くのを防ぐためには、腰を左にスライドさせないことも大事。スライドして右肩が下がると、頭も傾くからです。腰自体が多少左に移動する動きは必要ですが、回転をともなわない動きではなく、右腰を押し込むような動きで身体を回しましょう。

インパクトでの地面の見え方は常に一定

OK ○

頭が傾いていなければ、ダウンスイング〜インパクト直後までのボールや地面の見え方は常に同じのはず。頭の傾きが気になったら要チェック。

NG ×

左へのスエーも頭が傾く原因に

腰が左に流れると頭が傾きやすい。頭が傾く人はこの部分を確認してみましょう。

「右手を使い過ぎるな」と言われた…⁉

右親指が右方向を向いているかどうかをチェック

「右手を使い過ぎるな」というのはよく聞くアドバイス。それを真に受けて、「左手主導でスイングしたほうがいい」と勘違いしてしまう人も多いようです。

ここで言う「右手を使い過ぎる」の正体は、振り上げた場所から親指を目標方向に動かそうとすること。この動きが、第三者から見ると、右手の力で振っているように見えるし、自分でも右手を使って振っているように感じます。もちろんこれは、スイング的にも間違った動きになります。

これまでもお話ししてきたように、ダウンスイングのとき、投げ縄状態を作ることができていれば、右手の親指は目標方向とは逆方向、つまり右方向に向くはずです。まずはクラブの先端で弧を描くという、基本的な動きを覚えましょう。これができればダウンスイングで親指が右方向を向くようになり、右手で打ちに行く動きも修正できます。

OK ○ 右手親指が右方向を向く

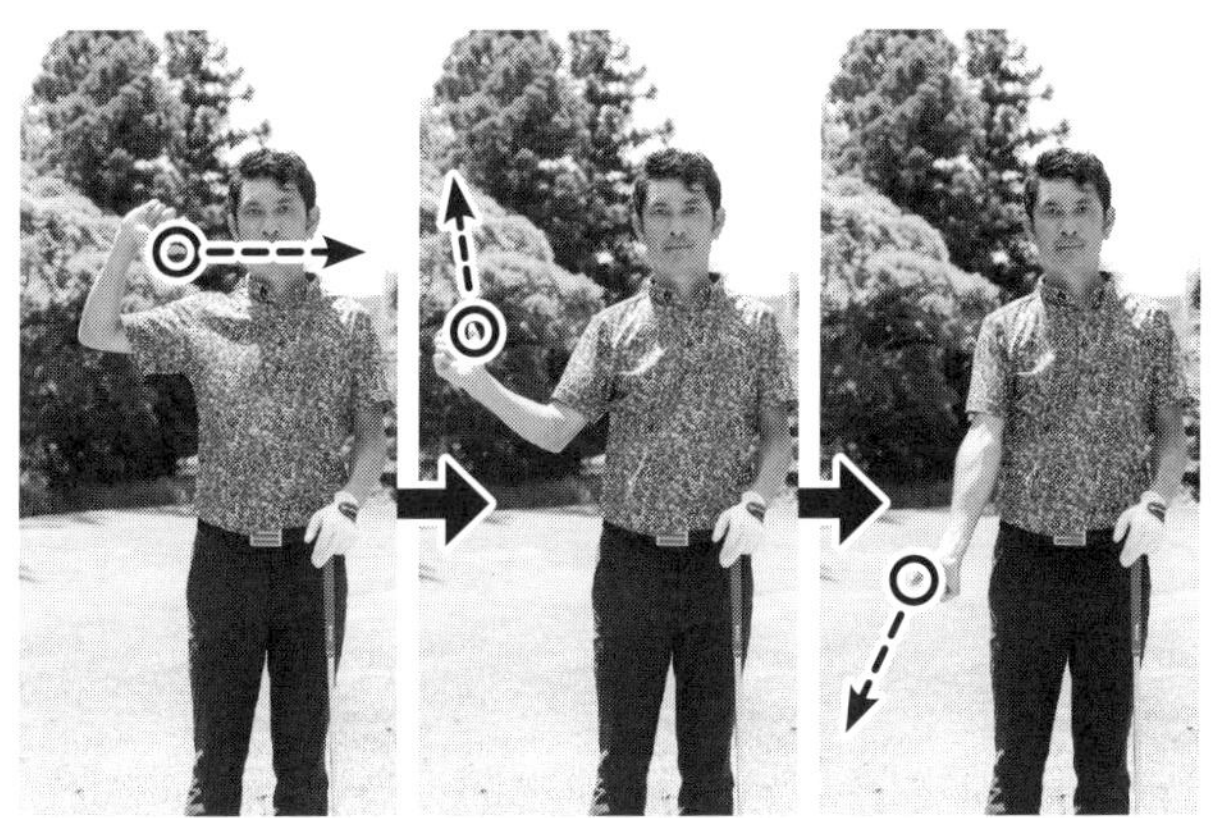

正しい弧を描くことができていれば、右親指は飛球線と反対方向を向き、ハーフウェイダウンから地面を向きます。まずはこの動きができているかどうかをチェック。

NG × 右手親指が目標方向を向く

右手親指がトップから右を向かず、正面や目標方向に向かって動き出すのが、「右手を使い過ぎる」の正体。この動きだと投げ縄状態になりません。

11 球をつかまえるには早めにフェースを閉じるべき？

ネックを引っ張ればフェースは勝手に閉じる

フェースは閉じなくても勝手に閉じます。しかし、このことを理解していないゴルファーが多いようです。まず知ってほしいのは、「ヘッドの重心は、ネックが動く方向へ引っ張られる習性がある」ということ。具体的には、切り返しではフェースが開いていても、円軌道でネックがボールに向かって動けば、それにともなって重心は引っ張られる…つまり閉じる方向に動くということです。

しかし、多くのゴルファーは「真っ直ぐ当てたい」という気持ちが強いため、早めにフェースを閉じます。こうなると、ボールに対して直線的にネックが動くことになるので、フェースが返るという動きが発生しません。さらに付け加えれば、ヘッドが頭の高さに下りた辺りからフェースを閉じてしまうので、シャフトが前に倒れてしまいます。これを防ぐためにも、フェースを閉じるという意識を頭から取り払いましょう。

フェースは勝手に閉じてくれる

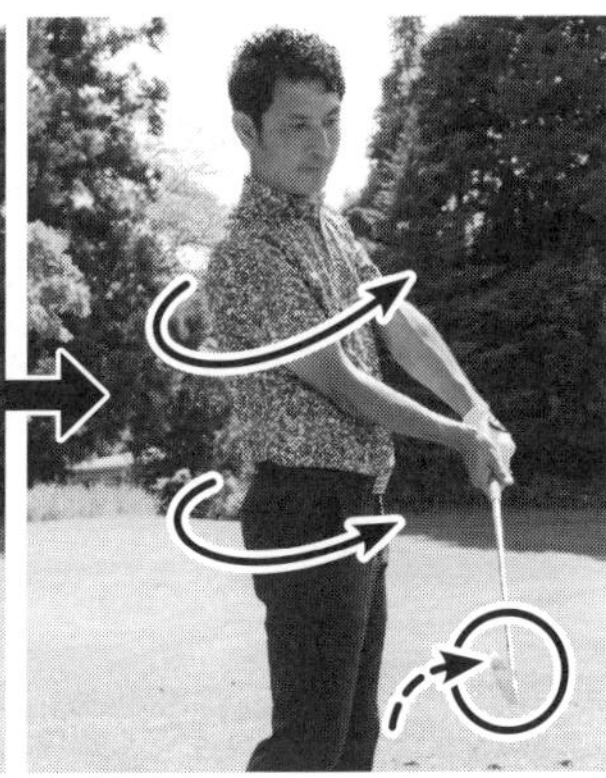

ハーフウェイダウンでフェースが上を向いていても、身体の回転とともにフェースは閉じてきます。

自力で閉じるとかえってつかまりが悪くなる

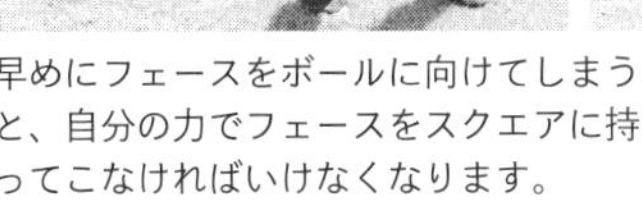

早めにフェースをボールに向けてしまうと、自分の力でフェースをスクエアに持ってこなければいけなくなります。

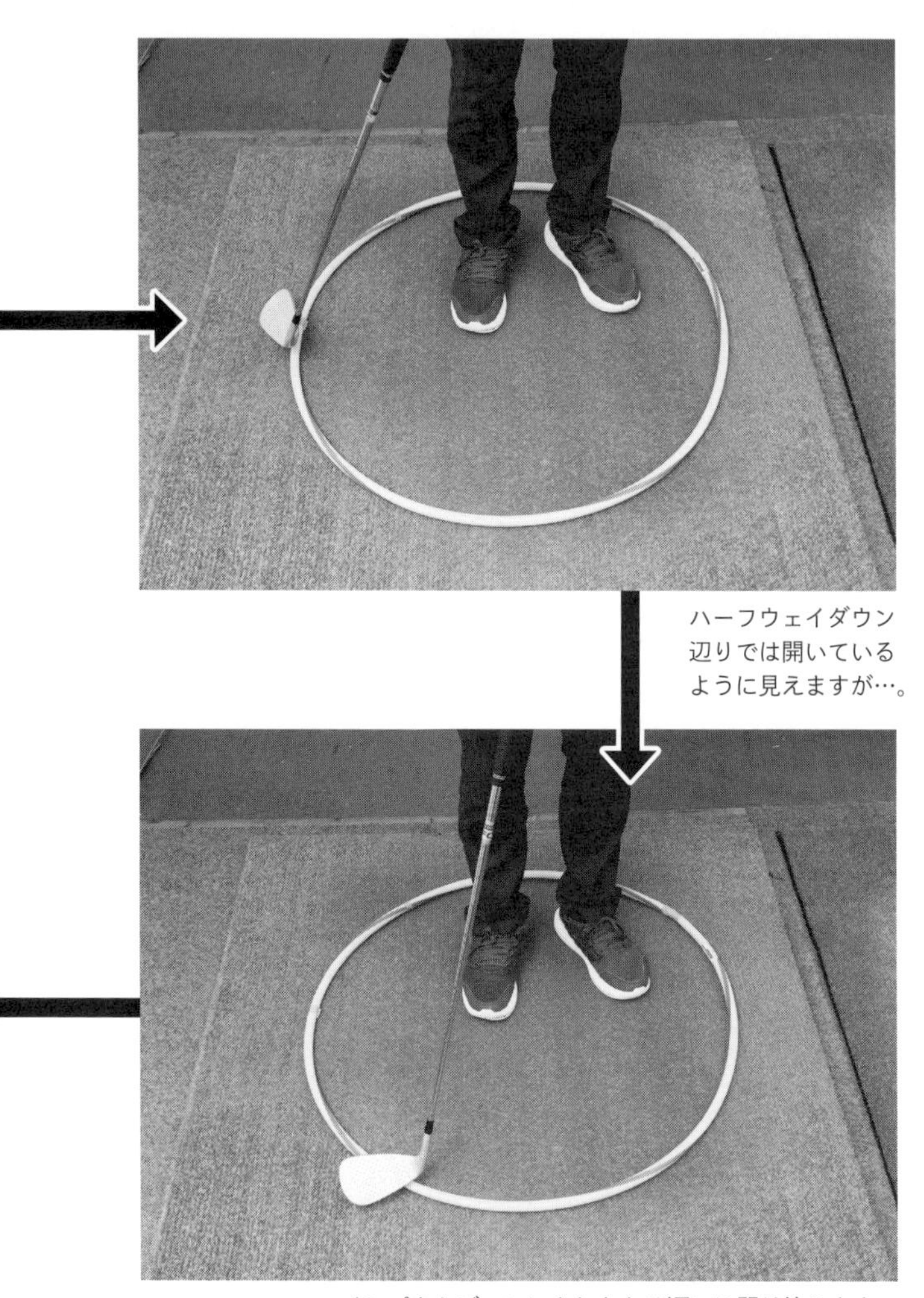

ハーフウェイダウン辺りでは開いているように見えますが…。

インパクトゾーンにさしかかる頃には閉じ始めます。

ネックがボールに向かって動けば、フェースは閉じる動きをする

ネックを円軌道で引っ張ります。

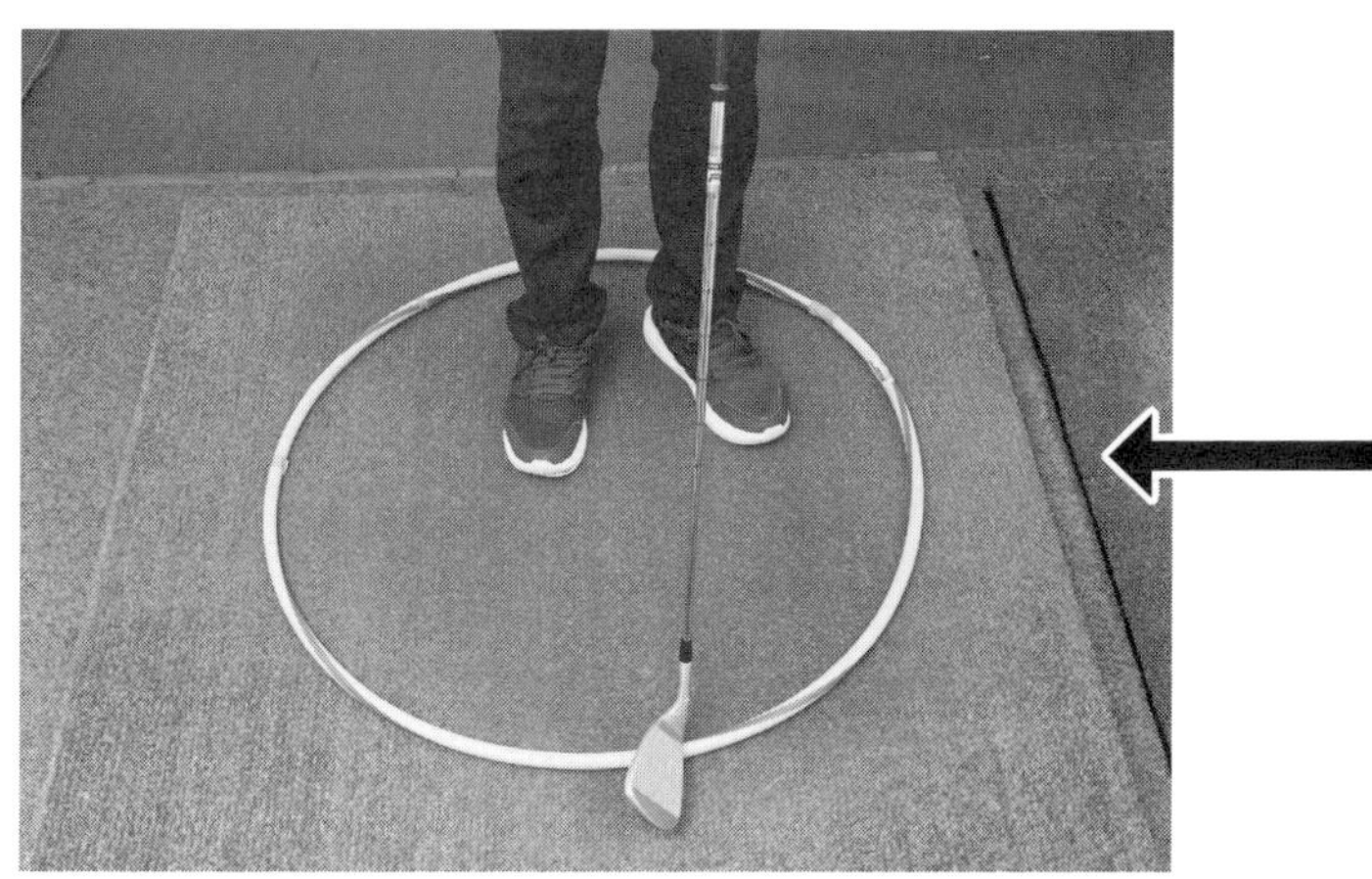

インパクトでは完全にスクエアに戻ってきます。

12 インパクトゾーンを低く、長くしたい

右足前でボールを打つイメージでスイングしましょう

方向性が不安定というゴルファーの多くは、ヘッドを高い位置から入れてしまい、長いインパクトゾーンを作れていません。方向性を安定させるには長いインパクトゾーンが必要。そのためには、ヘッドを低い位置から入れることが大事になってきます。

低い位置から入れるのが苦手な人は、右足の前でインパクトをするイメージを持つといいでしょう。低い位置からだとヘッドがボールに届かないのではないかと思う人がいるでしょうが、この動きに腰の回転が加わるので、確実にボールをとらえることができます。

右足前でボールを叩くイメージでスイングするというのはかなり重要で、「右足前でインパクト」と「腰を回す」の2つが組み合わされば、正しいハンドファーストが実現します。ただ、注意したいのは、低い位置から入れても、そのあとヘッドを横に移動させないこと。緩やかな角度で入れたあとは、ヘッドを引き上げるように振り抜きましょう。

OK ○

方向性が不安定な人は右足前でインパクト

入射角が緩やかになり低く、長いインパクトゾーンが実現。方向性が安定します。

NG ×

上からヘッドが入ると方向性が不安定に

強く叩いて飛ばそうという気持ちがあると、このような形になりやすい。

13 ベタ足打法を薦められるのは何故？

ベタ足にすると右足カカトが後方に流れない

「ベタ足で打て」というのも、アベレージゴルファーへのアドバイスでよく耳にするフレーズです。その理由は、ゴルファーの中には「右足カカトが後方に流れている」……いわゆる〝外返り〟している人が多いからです。

上級者の場合、クラブを振り上げたときに腰と肩の捻転差ができ、その捻転差をキープしたまま下半身リードでダウンスイングに入ります。そうすると、右足で地面を押し込むような形になり、外返りも起きません。一方、捻転差がキープできない人は、クラブを振り下ろしてきたときに、下半身に対して上半身が追いつくような形になってしまい、その動きの流れで右足のカカトが後方に流れてしまうのです。

この外返りを矯正するために有効なのがベタ足打法です。ダウンスイングからフォローで右足カカトを地面に着けておくことで、捻転差が保たれたスイングになるのです。

外返りになっているかどうかをチェック

OK○ ティーのボールが落ちない

右足の外側にティーアップしたボールを置いてスイング。ティーからボールが落ちなければ外返りをしていない証拠。ベタ足にする必要はありません。

NG× ティーのボールが落ちる

ティーからボールが落ちた場合は、外返りをしている証拠。右足カカトを接地したままスイングする練習をして、ボールが落ちないようになってからカカトを上げてスイングしましょう。

14 切り返しで力まないようにしたい

ダウンスイングでヘッドを落とそう

切り返しで力が入ってしまう。そういう人は、ダウンスイングでヘッドを落として、ゆっくり身体を回しましょう。そうすれば、クラブが閉じる側に捻れる力が働くので、インパクトでもスクエアに戻りやすくなります。

落とすというのが難しいのであれば、手元の力を少し緩めるだけでもかまいません。そうすると背中のほうにクラブがタラリと垂れてくると思いますが、それが正しいクラブの動きです。

注意したいのは、クラブと一緒に手元も下げてしまわないこと。ダウンスイング〜インパクトでは、手は引っ張り続けるという動きをする必要があるので、ヘッドは落とすけど、手元（支点）はキープしておくことが大事です。そうすることによって、クラブは正しい軌道を描き、ミート率もアップします。

切り返しでの力みを抑える方法

支点となる手元の位置はキープしながら、ヘッドだけを下げて行きます。手の力を緩めるだけでも OK。

トップから打ちに行こうとしないで、ヘッドを落とすような感じで切り返します。

ハーフウェイダウンからは、手元を引っ張り続けることが大事。

15 「ゆっくり振る」の本当の意味は？

力を入れてはいけない3つのポイント

「ゆっくり振りましょう」というアドバイスを受けたことはありませんか？　それを聞いて、「ボールを飛ばすためには、速く振ったほうがいいのでは？」と思ったことがある人も多いのではないでしょうか？　何故、ゆっくり振れと言われるのか。それは、インパクト付近でヘッドスピードを上げるためには、部分的にゆっくり振るところがなければいけないからです。そのゆっくり振るところというのは「テークバックの後半」、「ダウンスイングの入り口」、そして「インパクト付近の手元の動き」の3点になります。

何度も言っていることですが、ゴルフスイングというのは振り子運動です。振り子やブランコをイメージしてもらえば分かるように、頂点に向かって緩やかに減速して上がっていき、上がり切ったところから緩やかに加速を始めます。ゴルフスイングでもこの動きが必要なのです。スピードを上げるためにも、3つのポイントを意識してください。

力を抜く3つのポイント

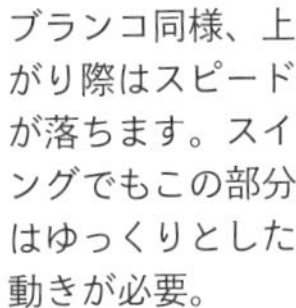

①バックスイングのトップに上がる直前

ブランコ同様、上がり際はスピードが落ちます。スイングでもこの部分はゆっくりとした動きが必要。

②トップからの切り返し

上がり際のスピードと同じ速度で切り返します。そうすればタイミングも合いやすくなります。アベレージゴルファーの多くはここで力んでしまいます。

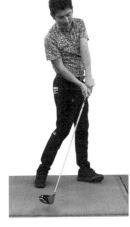

③インパクト直前

ハーフウェイダウン辺りでは少し力が入りますが、インパクト付近では手元の動きに少しブレーキをかけます。そのほうが手元支点の振り子の運動量が多くなり、ヘッドスピードがアップします。

頑張って振っても飛距離が伸びない

飛ばしたかったらテークバックで腰を回しましょう

基本的に「正しいスイングのメカニズムを理解してほしい」という考えでレッスンをしているので、アマチュアゴルファーが期待するような「こうすれば飛びます」的な話はほとんどしていません。「どうしても飛距離アップしたい」という人にも、正しい投げ縄の動きを覚えてもらうことにしています。

とは言え、飛ばすためのヒントを伝えることがあります。今回はその中から、多くの人に意識してほしいポイントを一つ紹介したいと思います。

それは、テークバックの始動です。

多くのゴルファーは、「飛距離をアップするには、もっと体重移動をするべきなのではないか」など、スイングを大きくすることばかり考えがちですが、その方法はあまり有効とは言えません。

皆さんに強く意識してほしいのは、ダウンスイングの入り口あたりで上半身と下半身の捻転差を作ることができるかどうかということです。

もう少し具体的に言うと、ダウンスイングに入って、腿の付け根に腰がストンと入ったところで捻転差ができているかどうか。そして、この形さえ作ることができていれば、トップはどんな形になっていてもいいのです。

問題は、その形に持って行くためにはどうすればいいかということ。ここで意識したいのがテークバックの始動……すなわち〝テークバックで腰を回すこと〟です。

ほとんどのアマチュアゴルファーは、テークバックの始動で手だけが動いて、バックスイングの後半になるにつれて身体が後方に持っていかれるような形になってしまいます。そしてこうなると、身体を揺り戻すしかなくなり、ダウンスイングの入り口で捻転差を作ることができません。

その点、テークバックの始動でしっかり腰を回しておけば深いトップになり、飛ばすために必要な〝間〟が生まれます。意識すべきは、ダウンスイングではなくテークバック。「飛ばしたかったら、最初に腰を回せ」ということなのです。

飛距離アップに必要な捻転差

飛距離アップを実現するためには、ダウンスイングの入り口で上半身と下半身の捻転差が必要になってきます。これを作るためには、テークバックの動きが重要になってきます。

OK ○
しっかり腰を回す

ハーフウェイバックで腰を回しきるくらい、しっかり腰を回しておくと、ダウンスイングの入り口で捻転差が生まれます。

手だけでクラブを上げる

テークバックの始動で手だけでクラブを上げてしまうと、トップが浅くなり、ダウンスイングでも手打ちになって飛距離が出ません。

17 アイアンは打てるけどドライバーが打てない

ドライバーのみオープンスタンスがオススメ

アイアンは普通に打てるけど、ドライバーが全く当たらない。そういう人はどうすればいいのでしょうか。解決策としてお薦めなのは、オープンスタンスにすることです。その理由を説明しましょう。アイアンは打てるけど、ドライバーが打てない原因のひとつに、「身体の正面からボールがずれると打てなくなる」というのがあります。これは、目線とスイング軸の問題に関わってきます。

スイング軸というのは、頭頂部から首の付け根のラインで、スイング中、ここがキープできていればいいのですが、それを実現するためには身体の正面に目線を保つことが必要になってきます。アイアンは身体のほぼ正面にボールをセットするので、目線も正面に保つことができます。だから軸も自然と保つことができます。

しかし、ドライバーの場合、ボールは左足カカト線上辺りに置くので、身体の正面にボールがありません。そのため、目だけをボールに向けなければいけないわけですが、そうすると軸をキープするのが難しくなります。だからといって、身体の正面にボールが来るように胸をボールに向けてしまうと、腰に対して肩が前に出てしまい、上体が突っ込んだ形になります。このような構えになると身体が回らず、上から叩くようなスイングになって、引っかけ、スライスなどのミスが出やすくなります。

また、ボールを見ないで身体の正面（ボールの右側）へ目線を向けると、ドライバーが苦手な人は、右手がボールに届かないという不安に駆られます。そうすると、早く手を返してボールにヘッドを届かせようとするのですが、これも引っかけの原因になります。さらに、ダウンスイングで腰よりも肩のほうを先に回してしまうこともあり、体重移動ができなくて左肘が引けるといった身体の開きに繋がります。これらの問題を解決してくれるのが、オープンスタンスなのです。では、オープンスタンスにすると何故いいのか。

第一に、スタンスごと左に向けてしまうと、身体の正面にボールが来ます。その結果、目線を正面に保つことができるので、軸をキープできます。

また、オープンスタンスにすると、腰のラインに対して肩が閉じた状態になるので、上体が突っ込みにくくなるほか、腰のラインに対して肩が少し捻れた状態になるので、テークバックでは身体を回しやすくなります。さらに、アドレスのときから右サイドがボールに近づく形になるので、ダウンスイングで上体から近づけようとしなくなるという利点もあるほか、アドレスの時点で自然と捻転差ができ、捻転差をキープしたまま右サイドをボールに近づけることができます。

なお、オープンに構えると、軌道がアウトサイドインになりそうで怖いという人もいるようですが、それは単なる思い過ごしです。身体が先行してヘッドが遅れてくるので、むしろインサイドから下ろしやすくなります。逆に、スクエアに立って右サイドで当てに行くクセがある人のほうが、アウトサイドインになりやすいので注意

オープンスタンスで構えると軸をキープしやすい

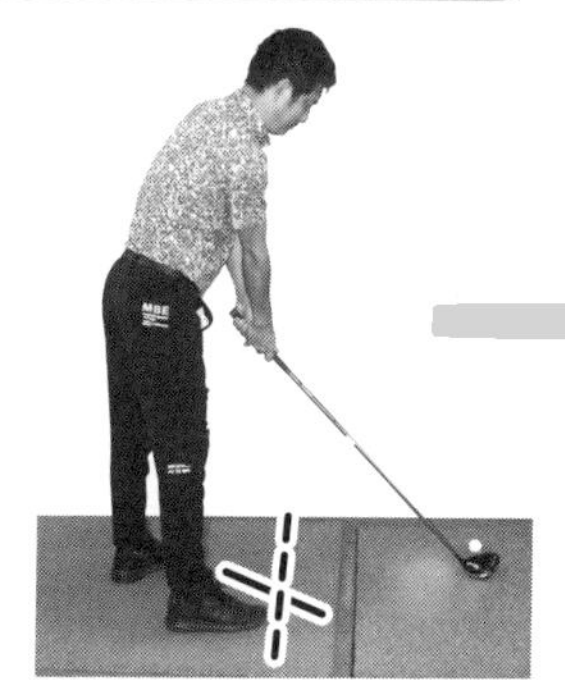

オープンスタンスで構えると、身体の正面にボールが来るので目線を正面に保つことができ、その結果、軸をキープしやすくなります。ドライバーが当たらない人は、まずはこの方法を試してみましょう。

目線を真ん中に保つ

軸をキープするために、目線を真ん中に保つというのも一つの方法。これで修正できる場合もあります。

してください。

もちろん、オープンスタンスが合わない人もいますが、ドライバーで苦労している人は、一度試してみる価値ありです。

FWがうまく打てない

ヘッドを落として滑らせればミスは出ない

女性ゴルファーにFWの扱いがうまい人が多いのですが、その理由は、男性に比べて力が弱いため、切り返しでヘッドが下に落ちるから。言い換えれば、うまくダフっているからです。これをヒントにすれば、男性もFWをうまく打てるようになります。

ダフるというと「やってはいけないこと」と思っている人が多いようですが、FWはダフってもOK。素振りでも2～3回、ボールの手前の地面をこするようにクラブを振り、実際に打つときも手前からこすり上げるようなイメージで打つといいでしょう。

ダフったことでヘッドがはねてトップになる場合がありますが、FWの場合、手前に当たってのトップは許容範囲だと思ってください。

力で飛ばそうとするのではなく、手前にヘッドを落として飛球線方向にグリップを引っ張る。そうすれば、大きなミスにはならないのです。

FWはわざとダフらせる

FW は力を抜いて、低い位置からわざとダフらせるぐらいのつもりで。そうすれば、ソールが滑って球が上がってくれます。力任せに打ちに行くのは禁物。

Check!

グリップを
飛球線方向へ!

Check!

ヘッドが地面を
こするように!

アイアンももっと飛ばしたい

右手首の角度をキープできれば飛距離は伸びる

ドライバーの飛距離だけでなく、アイアンもプロ並みに飛ばせたらゴルフがどんなに楽になるか…そう思っている人も多いのではないでしょうか。

アベレージゴルファーがアイアンで飛距離を出せないのは、手首のリリースが早いから。身体の正面でボールをとらえようという意識が強いため、手首が解け、インパクトでロフトが寝てしまい、ボールが高く上がり過ぎてしまうのです。

手首の角度がキープできていないと思う人は、次の練習をやってみてください。両手をクロスして、左手の甲を右手の甲で押さえ込むようにして角度を作ります。そして、右肘を身体の右側に付け、この状態で身体を回してください。実際にスイングするときも、インパクトで身体の正面にヘッドを持ってこようとせず、ヘッドは右側に置いたまま身体の回転でボールをとらえるイメージで。そうすれば、飛距離は確実にアップするはずです。

手首の角度をキープするドリル

手首が早く解けてしまう人には、左手の甲を右手の甲で押さえ、その状態で素振りをする練習がお薦め。この感覚を保てば、実際にボールを打つときも手首が解けにくくなります。

Column 3

私がやって後悔したドリル

ドリルの中には、「あまり効果がなかった」というものもあります。もちろん人によって効果があるかもしれませんが、とりあえず私がやって後悔したドリルを紹介します。

イスに座って打つ

手を返せるようになるし、右肩の突っ込みを改善するには効果があるのですが、フェースが返り過ぎて引っかけが止まらなくなることも。

タオルを脇に挟んでボールを打つ

上腕と体幹の同調には効果がありそうですが、実際に打つとタオルは落ちます。だから、「タオルを挟む＝正しいスイング」にはなりません。

フィニッシュで３秒止まる

フィニッシュを意識してスイングをすると、途中の動きが雑になります。フィニッシュは意識するものではなく、あくまでも結果なのです。

第4章

二重振り子スイングを手に入れるためのドリル

スポーツでは“気が遠くなる”ほどの反復練習が大切です。そこで、二重振り子スイングに即したドリルを紹介。何度も何度も練習してください。

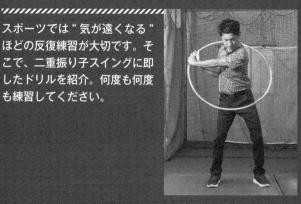

1 脇固定ドリル【基本ドリル】

脇固定ポジション&グリップを徹底的にマスター

正しいスイングをするためには、クラブを投げ縄状に扱い、ヘッドで弧を描く動きが必要だということをお話ししてきました。しかしこの動きがなかなか身につかないという人も多いようです。そこで、「二重振り子（投げ縄）スイング」の動きが自然と身につく練習ドリルを紹介していきましょう。一部、スイングの説明で紹介したものと同じ動きが出てきますが、頭の中で理解するだけでなく、〝ドリル〟としてやることで習得度が格段にアップします。ぜひ取り組んでみてください。

まずは、脇固定ポジション&脇固定グリップを覚える「脇固定ドリル」です。

左腕を前に突き出して、手のひらが耳の高さぐらいになるまで上げ、そこから左腕をブラブラさせながら左鼠蹊（そけい）部の中心に向けて下ろします。そうすると、それ以上腕が下がらないポイントが見つかります。これが、脇固定ポジションです。

次に、クラブを握りましょう。左手を下に下ろすと左手の甲は斜め上を向いていると思いますが、この形のままクラブを握ります。そうすると、クラブは正面から見て、30～50度の角度で、右斜め下に向きます。この角度に関しては、自分が気持ち良いと感じる角度を見つけてください。

そして最後に、右肘をしっかり曲げて右手をグリップします。この手順で握ると違和感なく正しく握ることができるはずです。

脇固定の基本ドリル

左腕をブラブラさせながら左鼠蹊部の真ん中あたりをめがけて下ろし、それ以上腕が下がらないポイントで止めます。これが脇固定ポジション。

1の左手の形を崩さずに左手を握り、そのあと右手をグリップ。これが脇固定グリップです。二重振り子スイングでは、この構えがとても重要です。

左手は鼠蹊部の真ん中辺り。左手甲が左斜め上を向きます。

シャフトは正面から見て、斜め45度前後になっていればOK。

2

軸回転ドリル【基本ドリル】

胸の前で両手をクロスして軸回転を覚える

これも二重振り子スイングの説明で紹介した動きをドリル化したもの。クロスした手を両肩に当てて、身体を左右に回していくドリルです。

ポイントは、単に身体を横に回すのではなく、身体の側屈にともなってみぞおちをスライドさせて胸の向きを変えていく点です。その動きを確認するために、次の動きをやってみましょう。みぞおちに右手人差し指を当て、軸を少し右に傾けます。その状態からみぞおちを右にずらします。そうすると、自然と胸が右を向くはず。そのときに右股関節の上にみぞおちが乗る感覚になると、右腰と右膝が安定します。

ダウンスイングからフォロースルーも、みぞおちのスライドで胸の向きを変えていきましょう。左にみぞおちをスライドさせたときは、身体がやや右に傾いているので、みぞおちと股関節は、やや右に傾いた斜めのラインで揃います。頬と股関節を結んだラインにみぞおちが乗るイメージを持つといいでしょう。このように、右軸から左軸に繋げることが〝身体の軸回転〟になります。

また、身体は若干傾きますが、頭の頂点から首の付け根までは、垂直にしておくことが大事です。この形でみぞおちをスライドさせると、下半身は軽く足踏みをするような形になりますがそれでOK。しかし完全にベタ足になると身体の動きが窮屈になってしまうので注意しましょう。

やりにくいと感じる人は、手を身体の後ろに回してやってもかまいませんし、クラブを胸の前に抱えたり、クラブを背中の後ろに担いだりして行ってもいいでしょう。

軸回転の基本ドリル

1 みぞおちに右手人差し指を当て、みぞおちを左右にずらします。

2 両手をクロスして胸に当て、胸の向きを変えます。

頭のラインは真っ直ぐキープ。

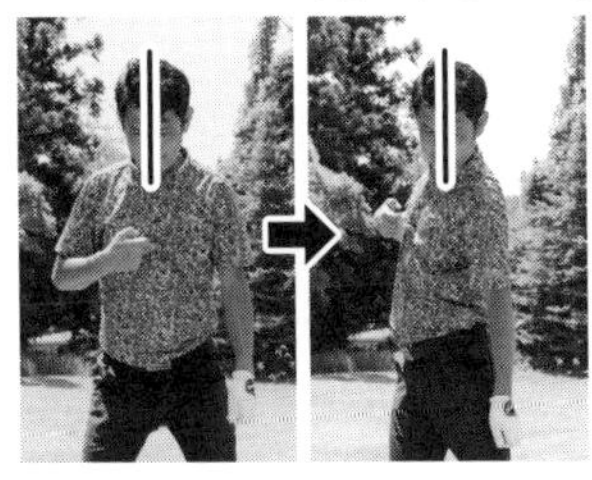

みぞおちをずらすと、自然と胸が右を向きます。右にずらしたとき右股関節の上にみぞおちが乗る感覚になると、右腰と右膝が安定します。逆サイドも同じ。

身体の側屈にともなってみぞおちをスライドさせて胸の向きを変えていきます。頭の頂点から首の付け根のラインは傾かないように。

3 軸回転ドリル【正拳突きドリル】

側屈の動きが自然に身につく

身体の軸回転において重要なポイントになる〝側屈〟の動きを覚えるドリルです。

多くのゴルファーは、「スイングは軸を中心に動く回転運動」だと思っているようですが、背骨を真っ直ぐにした状態で背骨を軸に身体を回すと頭が左右にぶれてしまいます。頭の位置をキープするために必要になってくるのが、側屈（背骨を曲げる）の動きです。

軽く前傾した状態で両手を伸ばして構え、地面に向けて正拳突きをするイメージで左右の腕を交互に突き出します。そうすると、腕を下げた側の脇腹が縮みます。左腕なら左脇、右腕なら右脇というように。スイング中も、このように脇腹の縮みが必要になります。

このドリルをやることで、バックスイングでは左の脇腹を縮ませることによって胸を右に向け、ダウンスイングでは右の脇腹を縮ませることによって胸を左に向けるという動きが自然にできるようになります。

側屈の動きが身につく正拳突きドリル

少し前傾して手を握り、両手を伸ばして構えます。

左腕を地面方向に突き出します。これがバックスイングの動き。

両手を構えのポジションに戻します。

次に右腕を突き出します。これがインパクト〜フォロースルーの動きになります。

片方の腕を突いたとき、その腕側の脇腹が縮んでいることを確認しましょう。スイングでもこのように脇腹を縮ませることが大事です。

軸回転ドリル【杖突きドリル】

上体が突っ込む動きが抑えられる

上体の突っ込みを抑えて、正しい軸回転を覚えるためのドリルです。

軸回転というと簡単そうですが、私が見る限り正しく行っている人はあまり多くはありません。特にアベレージゴルファーに多いのが、軸回転を行ったときに、下半身よりも上体が先行してしまい、ダウンスイングで右肩が突っ込んだような形になってしまうパターンです。このような形になるとクラブが外から入ってきてしまい、アウトサイドインの軌道になってスライスが出やすくなります。そういう傾向のあるゴルファーにお薦めしたいのが、「杖突きドリル」です。

両手を真下に下ろした状態で2本のスティック（クラブでも可）を持って杖のように突き、スティックを立てたまま、腰（意識としては胸から下）を回します。そうすれば右の肩よりも腰の回転が先行して、上体が突っ込まない動きになります。

ポイントは、スティックが傾かないように（傾くのはNG）、できるだけ地面に垂直になった状態をキープしながら胸から下を回すことです。バックスイングでは軽くお尻をひねり、フォロースルー方向ではシャフトが倒れないように、腰を回していきましょう。

このドリルをやっているうちに、胸の下がしっかり軸回転をしている感覚をつかむことができます。実際のスイングでもこの動きをイメージしながらクラブを振ると、上体の突っ込みがなくなるはずです。

OK ○

杖突きドリル

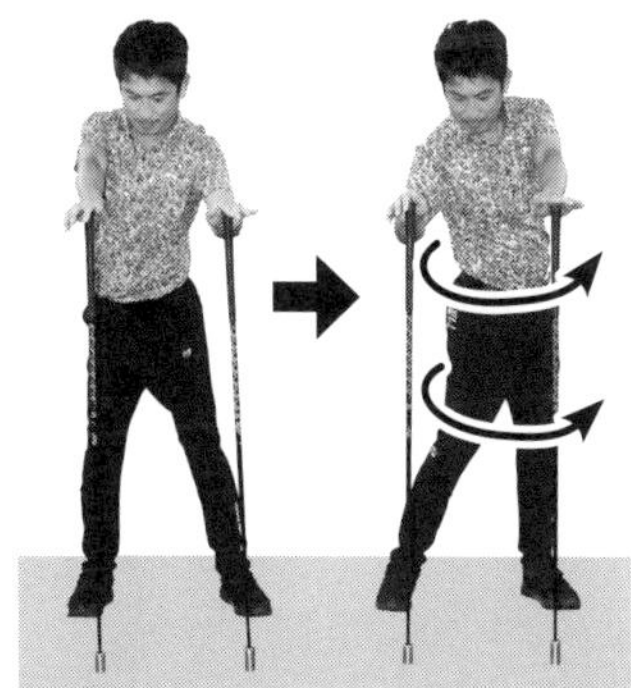

スティックができるだけ地面に垂直になった状態をキープしながら、胸から下を回します。

NG ×

杖が傾いてはダメ

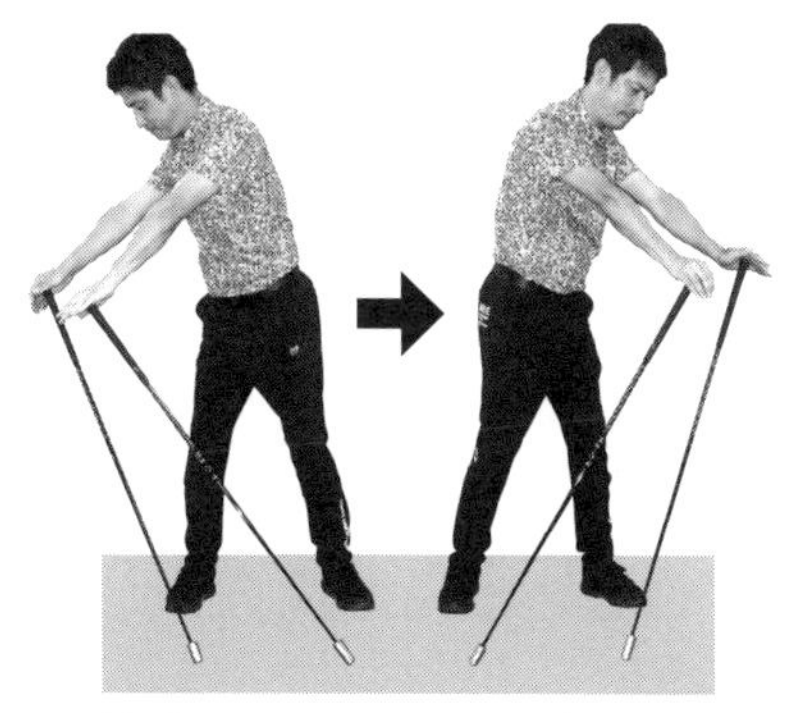

杖が傾くのはバックスイング、フォロースルーとも上体が突っ込んでいる証拠です。

5 軸回転ドリル【チューブ引っ張りドリル】

スイングにおける縦回転が体感できる

バックスイングでは右サイドが伸びて左サイドが縮み、ダウンスイングでは右サイドが縮んで左サイドが伸びるという動きが体感できるドリルです。

ゴルフ練習用のチューブを使いますが、一般的な市販のチューブでもかまいません。一方の足でチューブを踏んで、もう一方の腕でチューブを持ち（ゴルフ練習用のチューブの場合、グリップできるようになっています）、斜め上に引っ張り上げます。

これをやることによって、肩の縦回転が自然にできるようになり、軸も安定します。一方、チューブを縦に引き上げられない人は、身体が横に回っている証拠。ダウンスイングで右サイドが縦に縮まないとクラブを引き上げることはできず、この動きがあるから軸が安定するのです。また、左斜め上に正しく引っ張り上げることができれば、フォロースルーにおける腕の通り道も自然にできてくるようになります。

縦回転が体感できるチューブ引っ張りドリル

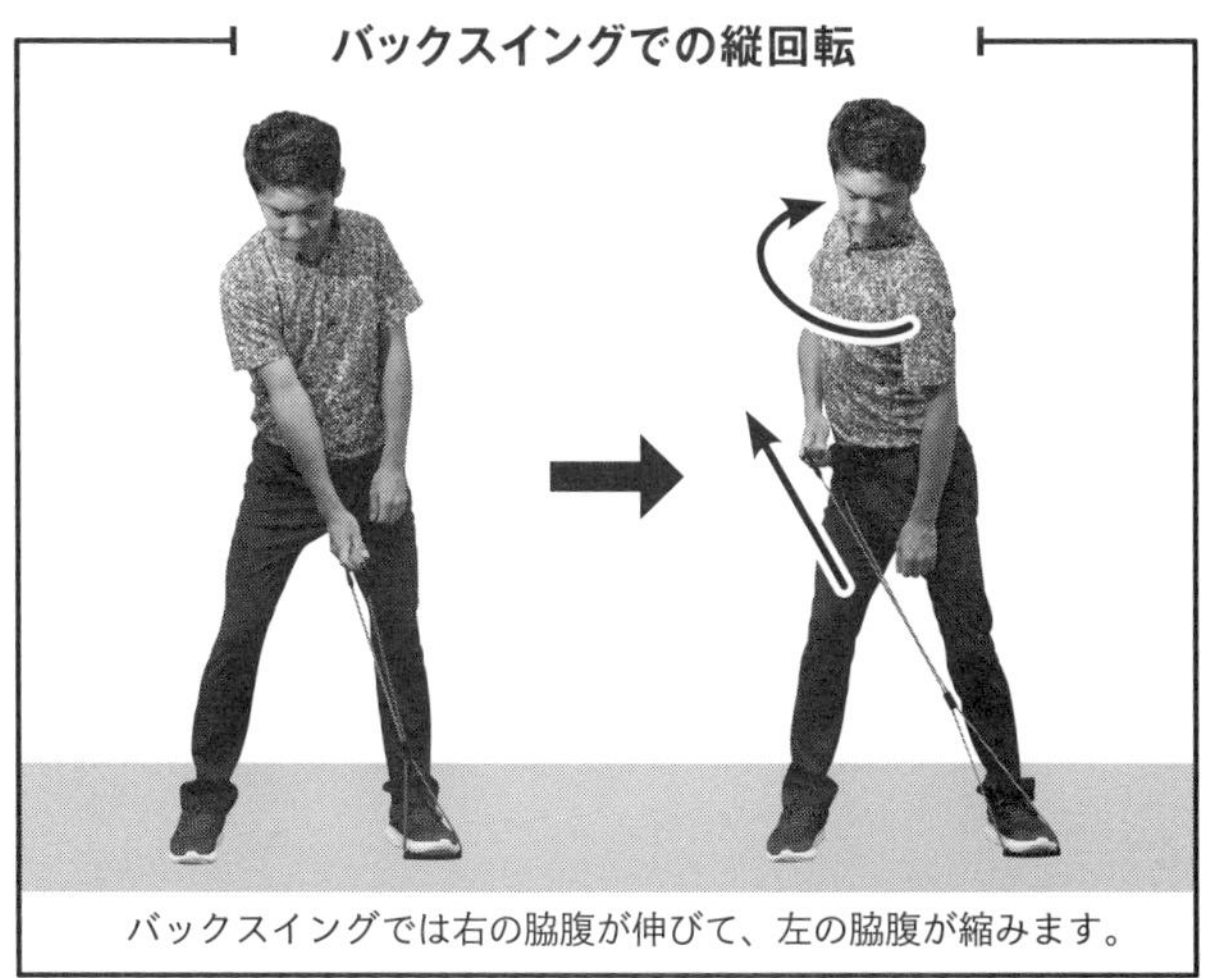

バックスイングでは右の脇腹が伸びて、左の脇腹が縮みます。

ダウンスイング以降は右の脇腹が縮んで、左の脇腹が伸びます。

6 軸回転ドリル【捻転差キープドリル】

ダウンスイングでの捻転差が解けないようになる

ダウンスイングでの捻転差が解けないようにするためのドリルです。

切り返しからダウンスイングでは、身体の捻れをキープしたまま左足を踏み込んでいくことが大事になってきます。実は多くのゴルファーがこの捻れをキープできず、身体が解けた状態でクラブを振っていきます。しかしこれでは、バックスイングで溜めたパワーをしっかりボールに伝えることができません。

まずは、このときの捻れの状態を説明しましょう。バックスイングではみぞおちを右股関節の上にスライドして、右軸の形を作ります。このとき左側屈をしている状態、つまり左脇腹が縮んでいる形になります。この状態を保ちながら、切り返しでは両膝を軽く落としてターゲットと平行に揃えます。そうすれば肩は30度前後右を向いた状態で、左肩は右肩よりも低くなっているはず。これが、切り返しからダウンスイング初期の正しい形になります。そして、この形を作ることができれば、ダウンスイングでより強く左カカトを踏むことができます。

この動きを体感するために、両手を胸でクロスして、左脇腹を縮めたまま、リズムを取って左カカトを踏み込む動きを繰り返しやってみましょう。正しくできていれば、お腹に軽い痛みを感じるはずです。

捻転差をキープしたまま踏み込むドリル

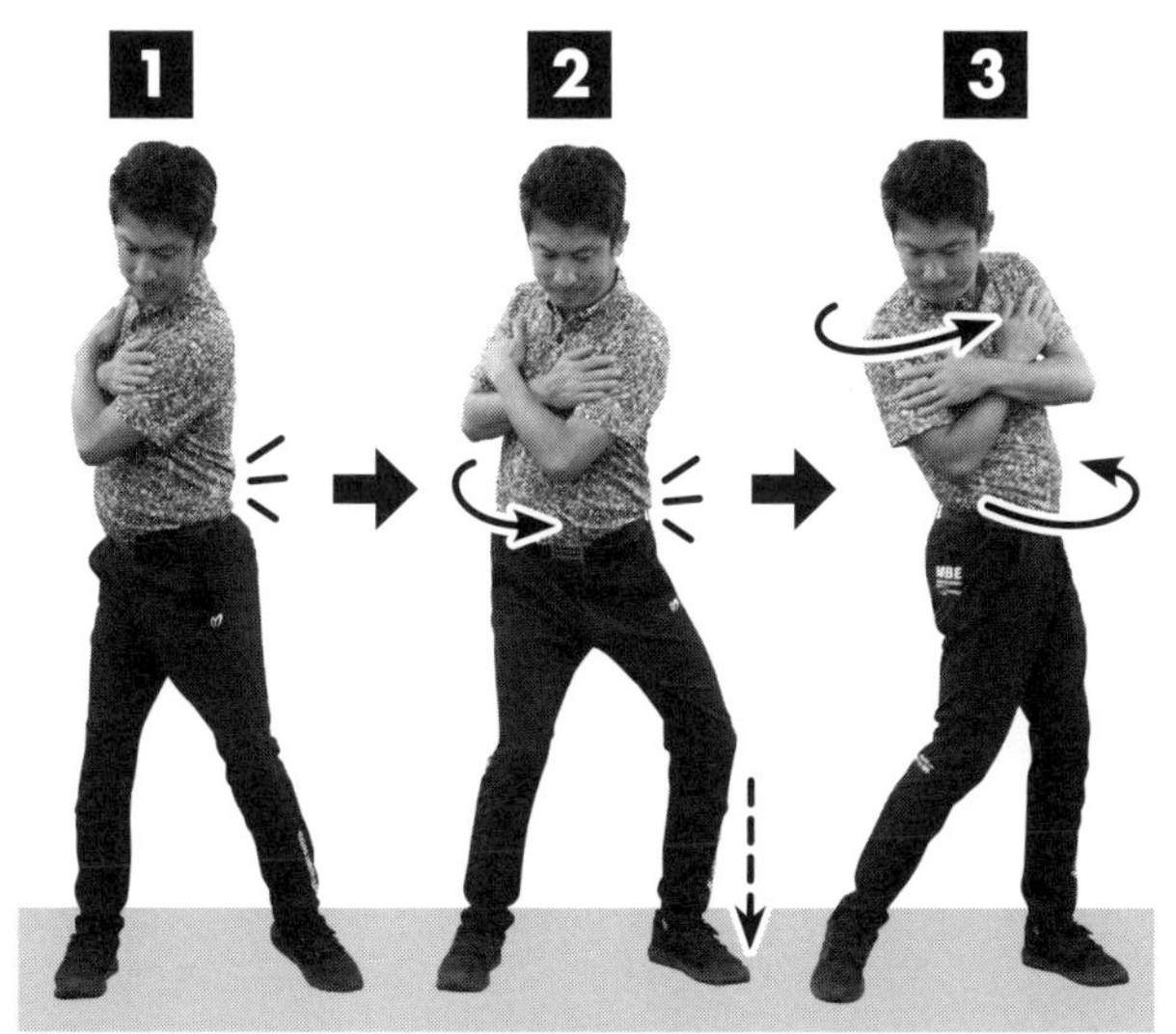

胸を抱えるように両手をクロス。

1の形から左足を踏み込み、ベルトのバックルは正面を向いているが胸は右を向いている状態をキープ。

左軸に乗ったら、一気に開放します。

7 グリップを引っ張るドリル

ハンドファーストのインパクトが実現する

脇固定グリップと身体の軸回転を組み合わせて、「グリップを引っ張ること」を覚えるドリルです。

まず、脇固定グリップで構えます。そしてバックスイングでみぞおちを右股関節の上に乗せ、この形をキープしたまま身体を回転させてスイング。インパクトゾーンではグリップを引っ張り続けるようにしましょう。さらにインパクト直後から、曲がっていた右肘を伸ばして、右手でシャフトを押し込みつつ、ヘッドの上昇に合わせて腕の高さを入れ替えてシャフトを立てていきます。実際にやるときは、脇固定ポジションから反動をつけ、上腕と体幹を常に一体化させて身体の回転でボールを打つようにしましょう。そうすれば、意識しなくてもハンドファーストのインパクトになると同時に、インパクトで〝身体が止まらない〟スイングになり、フェースの向きが安定します。

よく、「スイングを覚えるためにハーフスイングをやりましょう」と言われますが、ほとんどのゴルファーは身体の正面にクラブをキープしたままスイングすることが多いようです。しかし、常に正面にヘッドを保とうとすると、遠心力が外側に向かってしまい、リリースが早くなってしまいます。

その点、テークバックのときに腕の右にヘッドがあれば、グリップを引っ張る力でヘッドが戻り、ヘッドの遠心力とグリップを引っ張る力がバランス良くかみ合って、自然とヘッドがボールに戻ってきます。

小文字の「y」からのハーフショットドリル

正面から見ると小文字の「y」に見える脇固定グリップで構えます。ここから少しバックスイングしてボールを打ちます。

ヘッドの上昇に合わせて腕の高さを入れ替え、最後はシャフトを立ててフィニッシュ。

ダウンではグリップを引っ張り続け、インパクト直後からは曲がっていた右肘を伸ばして、右手で押し込みます。

⑧ 投げ縄右手ドリル【右手1本素振り】

右手1本でクラブを振って投げ縄の動きを覚える

右手1本で素振りをすることで、クラブを投げ縄状態に扱うことを覚えるドリルです。ポイントは、手元を引っ張りつつ、先端で弧を描く動きをイメージしながら素振りをすることです。

細かい動きとしては、クラブを振り下ろしてくるときに、背面方向にクラブを放り出すという動きが大事になってきます。この動きを作るためにも、振り上げたとき、右手は口元に飲み物を運ぶような形になるように。その体勢から右腕を下ろしてくると、右前腕が外側に回り、手のひらが上を向くような感じで動きます。なおこのとき右腕は、肩のラインの少し前から右ポケットの方向に下ろすと気持ち良く動いてくれます。

この腕の軌道で、まずは身体を回転させずにクラブを下ろしてみてください。意識をしなくても、クラブヘッドが背面に動き出すはずです。

さらにこの動きに身体の回転が加わると、ヘッドの落下と身体の回転で、クラブが自然と背面方向に〝放り出される〟動きになります。そしてそのまま身体が軸回転をすると、右腕は軽く曲がった状態のままグリップを引っ張り続けることができる体勢になります。

この〝引っ張る〟動きは、右腕が飛球線方向に伸びる辺りまで続けるように。そうすればフェースが自然と閉じて、スクエアに戻るからです。また、ここが回転運動の限界点で、両手でグリップした通常のスイングでは、ここで手が入れ替わります。

注意したいのは、ダウンスイングのとき、腕が身体の後ろ側に行かないようにすること。しっかり振ろうとして肩のラインよりも後ろに上げる人がいますが、そうするとダウンでは前側にクラブを戻さなければならず、手首が解けてアーリーリリースになるからです。

また、右肘が右脇腹に下りるまで胸を開かないようにすることも大事。切り返し〜ダウンスイングでは、両膝が戻った辺りで右肘が右脇腹に吸収されるような形で下りてきて一体感が出るわけですが、ここまでは胸を開きません。そしてここから右脇腹が縮みながら腰が回ってきますが、ここで初めて胸が開く感じになるように。そうすれば上腕と身体の一体化をキープした状態で、肘から先でクラブを振ることができます。

右手1本素振り（正面）

飲み物を口に運ぶ位置からスタート。

右ポケットの横に下ろしてきます。

クラブを引っ張り続けると同時に、右肘を伸ばしながら押し込みます。

右腕が飛球線方向に伸びる辺りまで引っ張り続けます。

右手1本素振り（後方）

クラブは背面方向に放り出されますが、腕が身体の後ろに行かないように。

右肘が右脇腹に下りるまで、胸を開かないで引っ張り続けます。

右手は右ポケットの横。身体の正面にないことをチェック。

右腕が飛球線方向に伸びた辺りで、腕は身体の正面に来ます。

投げ縄右手ドリル【ペットボトルドリル】

右腕の動きが正しいかどうかをチェック

その名のとおり、ペットボトルを利用して右手の動きを覚えるドリルです。

手に持ったペットボトルを振り上げ、口に注ぐような位置で止めてください。そしてダウンスイングでは、ペットボトルの中身を右の後ろ側にこぼす感じで下ろして行きます。この動きができるようになれば、実際のスイングではダウンの入り口でヘッドを背面後方に放り出す動きが自然にできるようになります。

ポイントは、ペットボトルの中の液体が、インパクトゾーンの入り口まで手元側に寄らないこと。クラブもこのような形で下ろしてくれれば、最も抵抗感なく自然な感覚で振り下ろすことができます。

ゆっくりとした動きでいいので、ペットボトルの中の液体を確認しながら、このドリルをやってみてください。

ペットボトルドリルで右腕の動きを確認

ペットボトルを口に運ぶ位置からスタート。このときペットボトルは水平の状態。

ペットボトルを水平のまま下ろしてくると、抵抗感なく下ろせます。液体が手元側に来ないように。

インパクトゾーンの入り口で、腕の右側に液体がこぼれるようなイメージで。

インパクト直前は、液体が底に溜まった状態になればOK。

投げ縄右手ドリル【スプリットハンド素振り】

右手に合わせた左手の動きが理解できる

二重振り子スイングは主に右手で覚えるわけですが、両手で振ると右手の動きのイメージが消えてしまい、投げ縄状態にならないという人もいるようです。そういう人のためのドリルです。

まず、右手で短めにクラブを持ちトップの形を作ります。そしてそのグリップに、左手を持って行きます。このとき、左手と右手の間隔は開けておき（スプリットハンドで持つということ）、左手は親指と人差し指で摘むように持ちます。この形ができたら、右手1本でスイングするイメージでクラブを振り下ろしましょう。両手で持っていますが、左手は摘む程度に持っているだけなので、右手の自然な動きを邪魔しないはずです。

このドリルで左手の動きが分かったら、いつもと同じ両手グリップでスイングしましょう。両手でも投げ縄振り子の動きがスムーズにできるはずです。

左手の動きを覚えるスプリットハンド素振り

トップの形を作ったらそこに左手を持っていき、端っこを親指と人差し指で摘みます。

両手の間隔を維持したまま、右手主導でダウンスイング。

右手は右ポケットの横に着地。左手はできるだけ邪魔をしないように。

そのままの形で軸回転をしてフォロースルーまで持って行きます。

11 投げ縄右手ドリル【二刀流ドリル】

両手で二重振り子スイングができるようになる

右手の感覚を残したまま、両手で振るスイングを身につけるためのドリルです。その名も「二刀流ドリル」。

クラブ2本が平行になるように、両手に1本ずつクラブを持ち（クラブが重いと感じる人は、ヘッド側を持っても可）、2本のクラブの間隔をキープしたままスイングします。

このドリルをやると、左手のほうが先行してしまう人が多いのですが、それは左手が右手を邪魔している証拠。また、左手が先行するとカット軌道になってしまいます。

両手になると二重振り子スイングができないという人は、2本のクラブの足並みを揃えて振る練習をしてください。

平行がキープできない場合は、左手が右手の動きを邪魔している証拠。

右手の動きが左手もできるようになる二刀流ドリル

2本のクラブを平行に持ってダウンスイングに入ります。

ハーフウェイダウンでも平行をキープ。

右手は実際のインパクトポイントに持って行きます。

フォロースルーでも平行をキープできるようにしましょう。

12 背負い投げドリル

投げ縄スイングの入り口の動きがマスターできる

切り返しのときに、クラブが背面方向に動く投げ縄の動きをマスターするドリルです。脇固定グリップから少し縦にコックを入れて、首の付け根の辺りにシャフトを乗せます。そして、そこから軽く身体を右に回して、そのあと身体を左に回転させて行きます。

このとき、クラブをターゲットと逆方向に放り出すように動かすのがポイント。そうすることで、投げ縄の入り口のクラブの動きを覚えることができます。

また、ほとんどのゴルファーが肩口からすぐにボールに向かって振り下ろすような動きになりやすいのですが、その矯正にもなります。全体的にはヘッドの落下と、グリップを引っ張る身体の回転をうまくミックスさせるようにしましょう。

クラブを振るスペースさえあれば自宅でもできるメニューです。「投げ縄振り子スイング」のイメージをつかむためにぜひやるようにしてください。

投げ縄の入り口の動きが体感できる背負い投げドリル

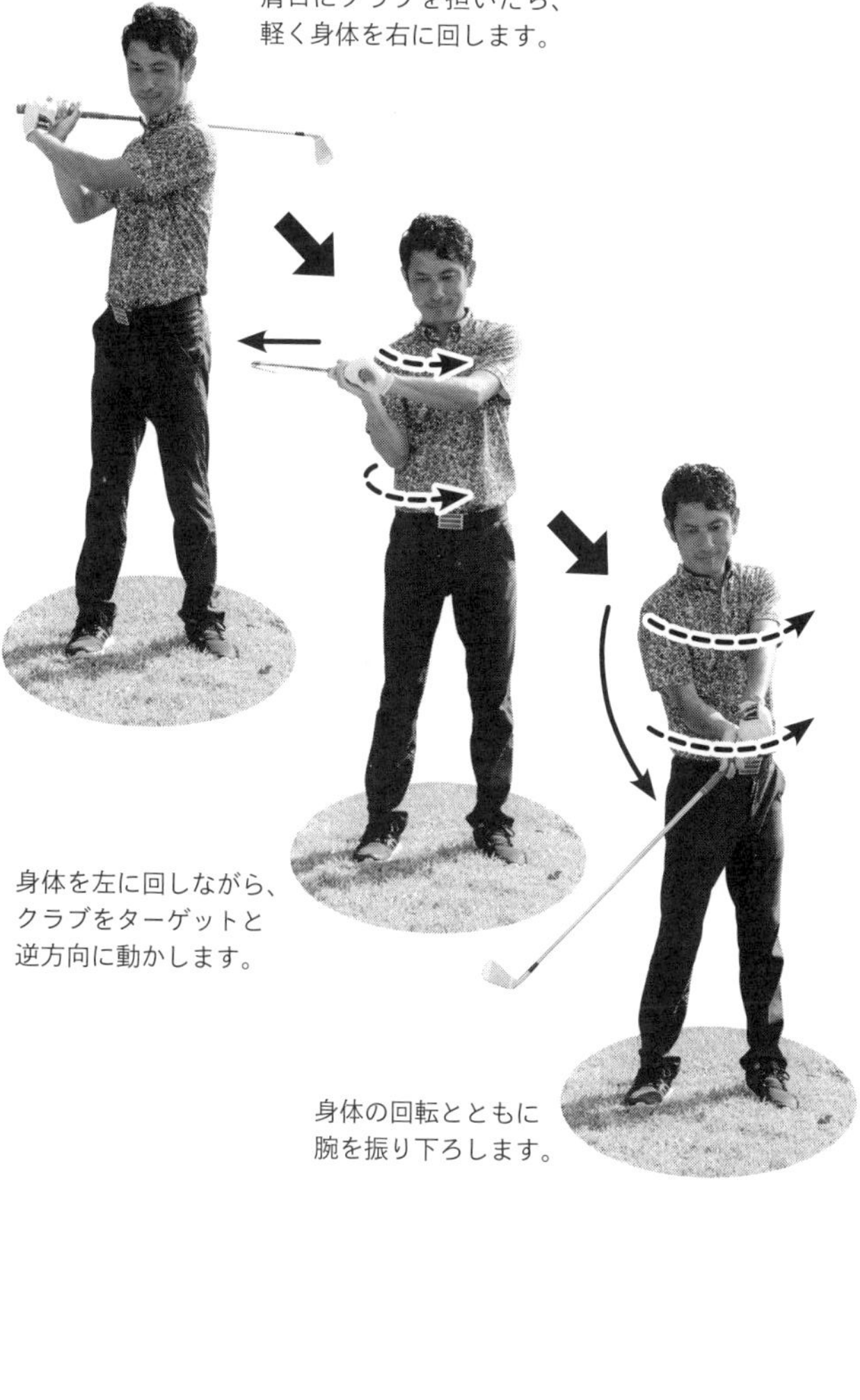

肩口にクラブを担いだら、
軽く身体を右に回します。

身体を左に回しながら、
クラブをターゲットと
逆方向に動かします。

身体の回転とともに
腕を振り下ろします。

13 ベルト棒刺しドリル

上体の突っ込みや捻転の解けを矯正

多くのゴルファーがやってしまう〝上体の突っ込みや捻転の解けによって起こる〟腕の動きのエラーを矯正するドリルです。

適当な長さの棒（１００円ショップで売っている園芸用の棒でＯＫ）を、パンツの左側のベルト通し（2～3穴）に刺し、棒を30センチほど身体の前に出します。そして、手が棒に当たらないようにシャドースイングします。正しく振っていたら、フォロースルーで両腕が地面と平行になる辺りで、手が棒の上を通過します。

いつものようにスイングして、腕が棒に当たる場合は、上体が突っ込んでいたり、捻転が解けていたりする証拠なので、身体の動きを修正してください。

慣れてきたら、両手でクラブを持って同じ動きをしてみましょう。棒を装着したままボールを打つ練習もしてください。

身体の正しい動きがマスターできるベルト棒刺しドリル

ベルトの穴に50センチ前後の棒を刺します。

手が棒に当たらずにフォロースルーまで振ることができればOK。

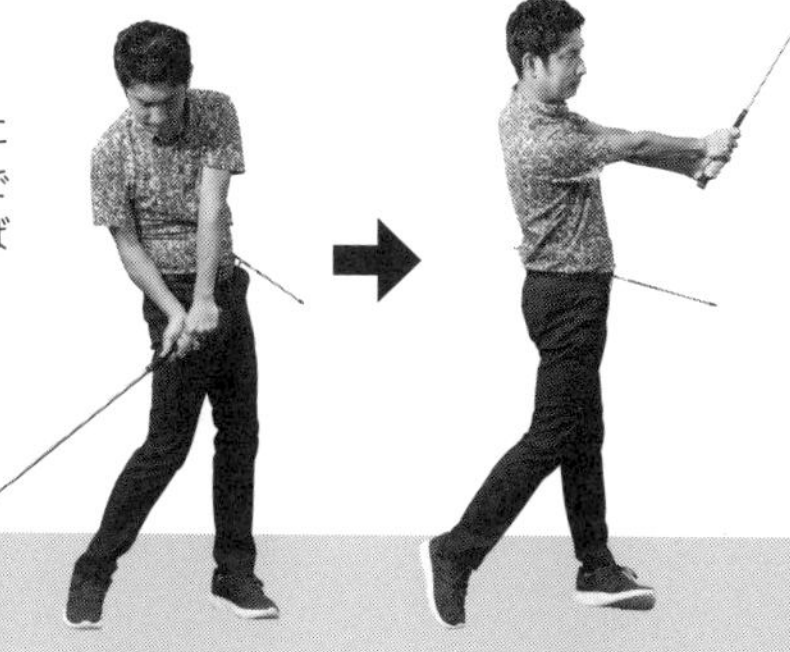

NG ×

上体が突っ込んでいたり捻転差が解けていたりすると、手が棒に当たります。

14 フラフープ素振りドリル

フラフープを使ってダウンスイングの動きをチェック

体操競技などで使うフラフープを利用して、ダウンスイングでの腕の動きをチェックするドリルです。

クラブを握るようにフラフープをグリップし、そのままテークバックします。そして、これまで行った〝ペットボトルの水をこぼすようなイメージ〟で、腕を振り下ろしましょう（ダウンスイング）。腕の動きが正しければ、トップの位置でできたフラフープの斜めの面の形をキープしたまま下ろすことができるはず。もしも斜めの面がゆがんでしまった場合は、手を前に振り出している証拠です。

アマチュアゴルファーがやりがちなアウトサイドインの矯正になるのが、このドリルです。トップから手元が右ポケットの辺りに来るまででいいので、面をゆがませないでフラフープを回せるように、繰り返し行ってください。

フラフープを利用してダウンスイングの動きを確認

フラフープの面が、トップ〜ダウンスイングで変わらないのが正しい動き。

フラフープの面が変わらないように、後方からもチェック。

NG ×

トップから手を前に出すと、フラフープの面がゆがみます。

トップからいきなりボールを打ちに行くのも、面がゆがむ原因になります。

15 太鼓叩きドリル

切り返しは太鼓を叩くイメージで

切り返しのタイミングを覚える〝太鼓叩きドリル〟です。太鼓を叩く際、バチを振り下ろす前に一瞬の間があるもの。この間がゴルフのスイングにも必要で、間を作るためには切り返しでフッと力を抜く動きが必要になってきます。

それを体感するために、両手にクラブを持ち、太鼓を叩くようにクラブを交互に振り下ろしてみてください。振っているうちにリズムが出てきますが、そうすると上半身と下半身に時間差が生まれていることが体感できます。

実際のスイングでも、強く振り下ろそうとしたり、切り返しで急いで振り下ろそうとしたりせず、このようにゆっくりと間を作ってダウンスイングに入ったほうが、ヘッドスピードがアップします。太鼓をイメージしながら大きな音を出すつもりでクラブを振って、切り返しの間とタイミングを覚えてください。

切り返しの"間"を覚える太鼓叩きドリル

1

2

3

4

切り返しの"ゆっくり"をイメージするのに最適なのが、太鼓を叩く動作。うまく"間"ができれば、結果的に、ヘッドスピードのアップにも繋がります。

16 太い棒を振るドリル

手が返る動きを防止(フェースの返り過ぎを防ぐ)

インパクト～フォロースルーで、手を返してフェースが閉じる動きを防止するためのドリルです。

やや太めの棒…私のスクールでは直径約10センチの発泡スチロール製のものを使用していますが、左ページで私が持っているような棒をホームセンターなどで探すといいでしょう…を両手で持って振るだけ。

右手が下、左手が上の状態をキープできれば棒は落ちませんが、手を返そうとすると棒が落ちそうになります。フォロースルーの手の入れ替えポイントまで〝右手が下〟をキープするようにしましょう。

NG×

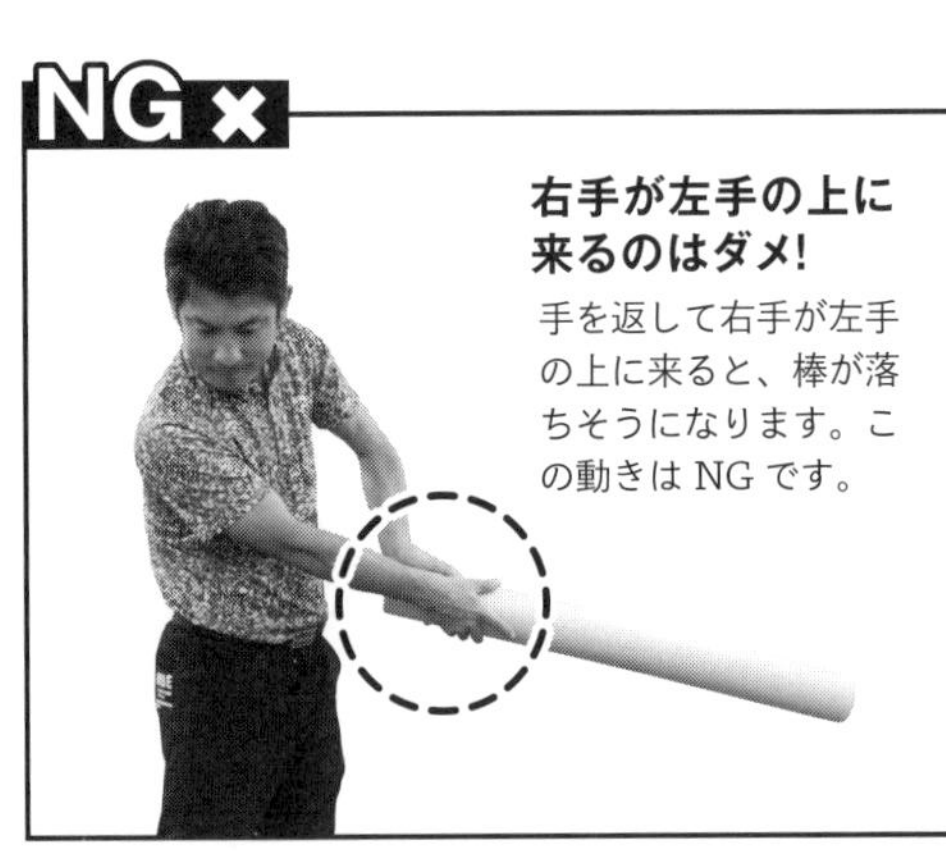

右手が左手の上に来るのはダメ!

手を返して右手が左手の上に来ると、棒が落ちそうになります。この動きはNGです。

手の返りを防ぐためのドリル

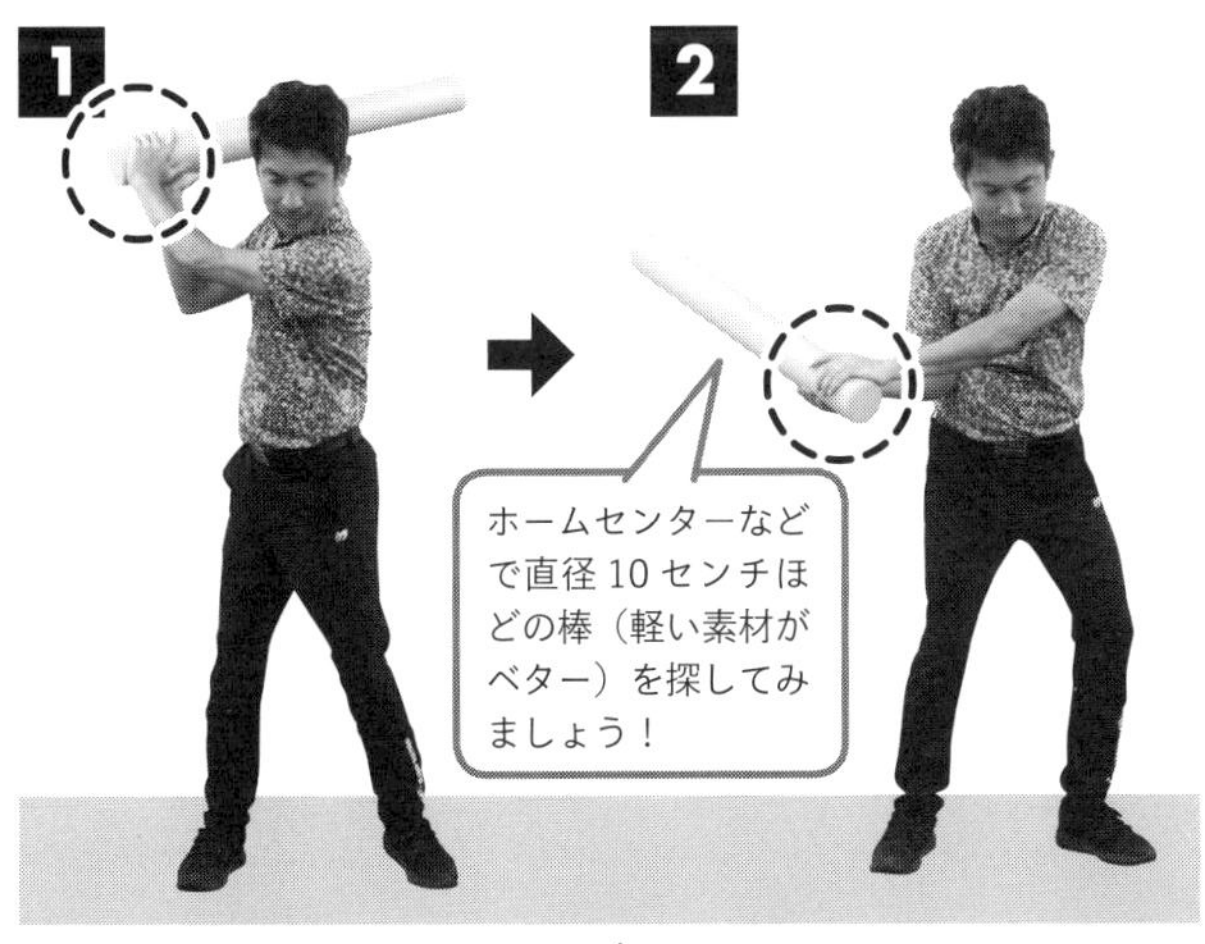

1
2
ホームセンターなどで直径10センチほどの棒（軽い素材がベター）を探してみましょう！

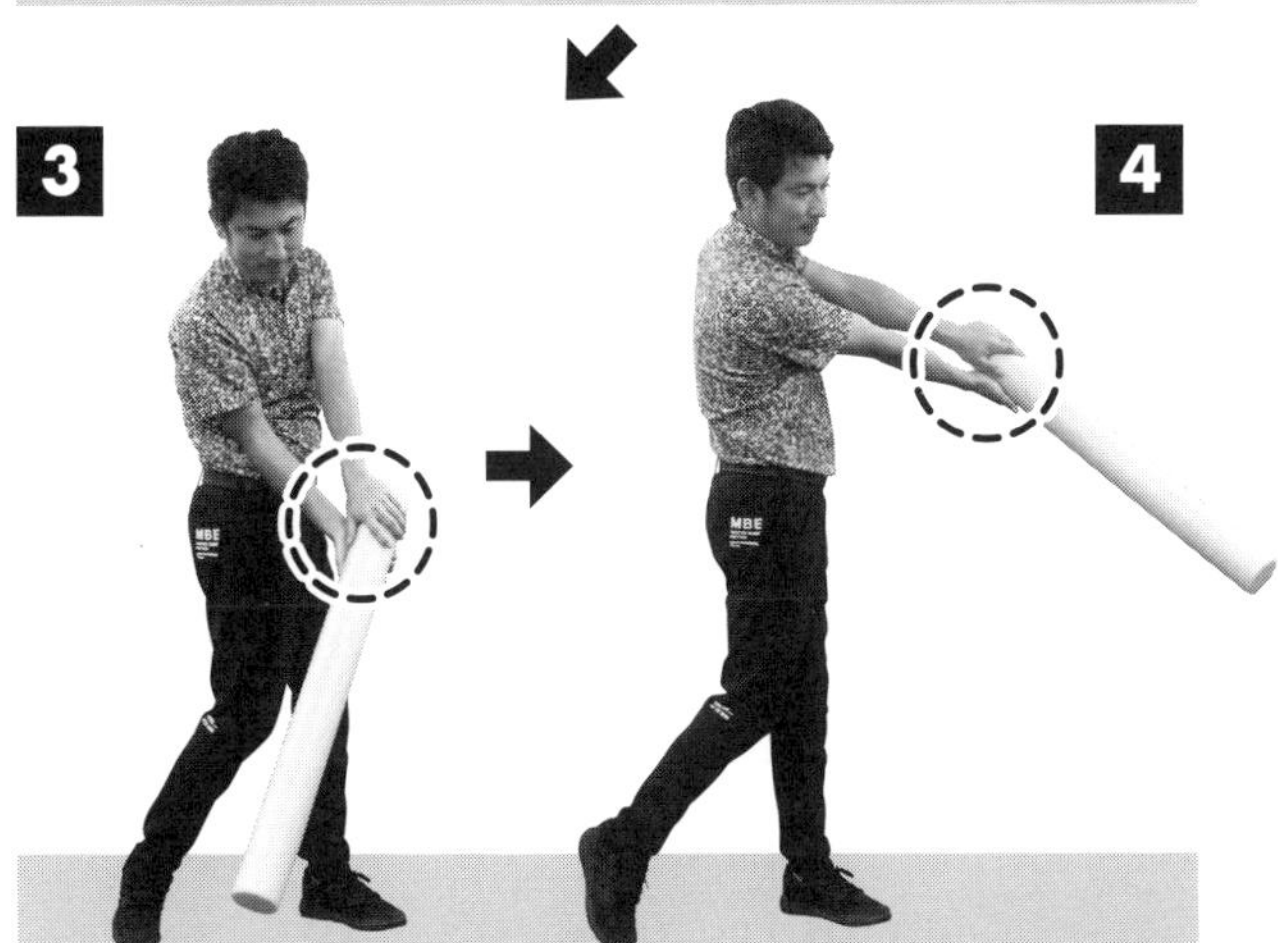

インパクト～フォロースルーでは、右手が下、左手が上をキープするのが正しい形。「インパクトで右手のひらを上に向ける」動きにも繋がります。

17 左足踏み込みドリル

正しい体重移動が身につき、上体の突っ込みを防ぐ

正しい体重移動が自然と身につくドリルです。

多くのアマチュアゴルファーがよくやる……「ダウンスイングでの上体の突っ込み」は、左への体重移動の遅さにあります。正しい体重移動をしようと思ったら、早い段階で体重を右サイドに乗せ、さらに早めに左足に戻し始めるという意識が必要です。

この動きが体感できるのがこのドリル。両足を揃えて立ち、テークバックと同時に左足を上げて右足に全体重を乗せたら、そのあと左足をグッと踏み込んでボールを打ちます。

複雑なドリルではないので誰でも簡単にできそうですが、テークバックをした瞬間に左足が上がらないという人も。これは右への体重移動が遅いタイプによく見られ、中にはクラブがトップ近くまで上がってからも、さらに体重を右に乗せようとする人もいます。必ずテークバックの始動時に左足を上げて、全体重を右に乗せるようにしてください。

正しい体重移動がマスターできる左足踏み込みドリル

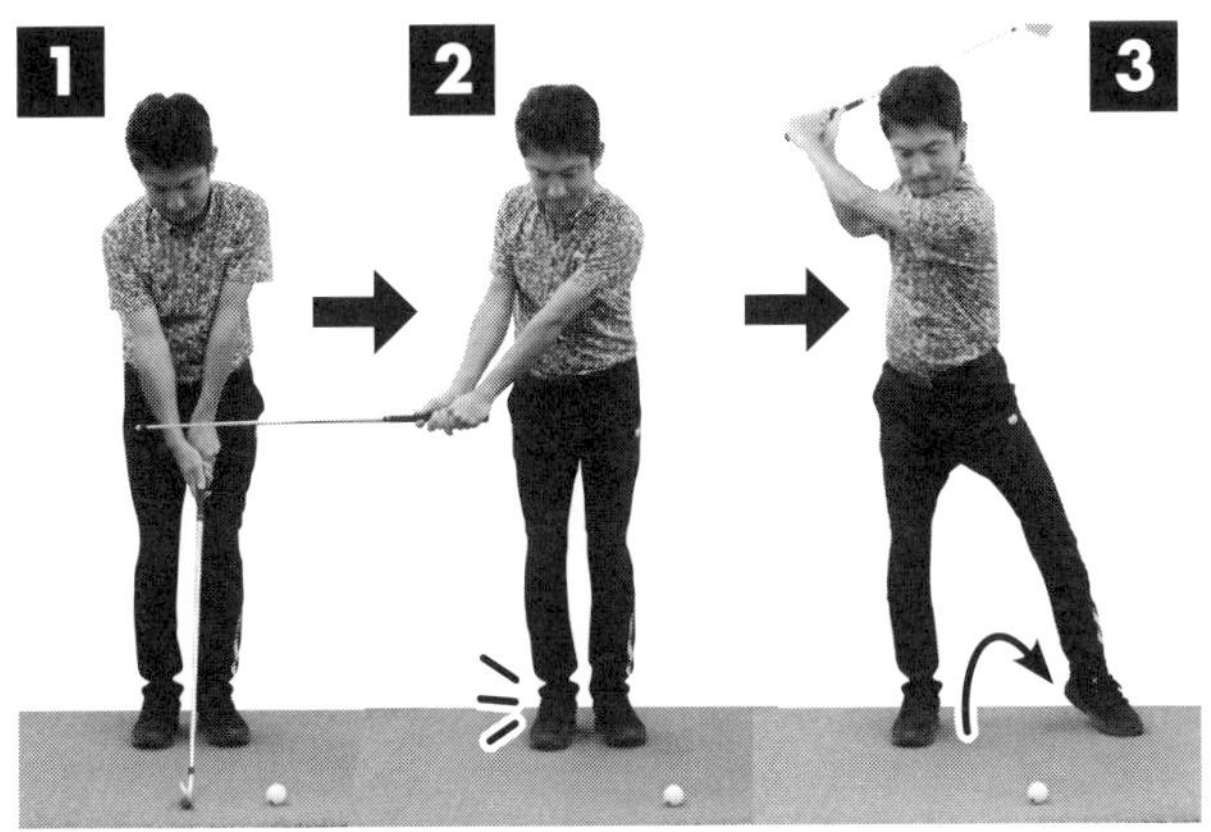

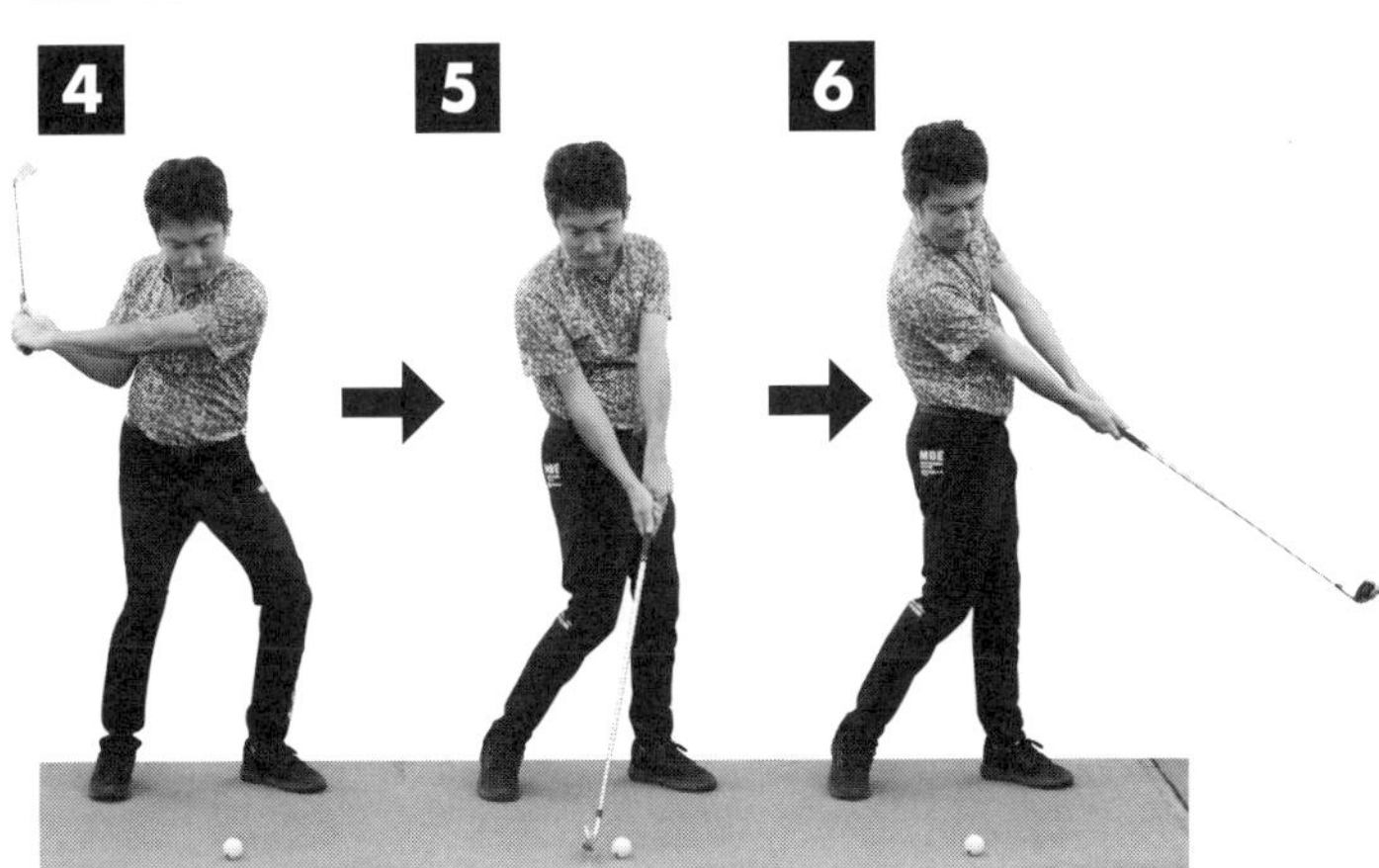

両足を揃えたところから、テークバックと同時に右足１本で立ち、そこから左足をグッと踏み込んでボールを打ちます。このドリルを反復してやることで、正しい体重移動を覚えられるほか、上体の余計な力みも取れます。

18 フォロースルーからの素振り

切り返し付近のスピードダウンが身につく

ヘッドスピードを上げるためのドリルです。

インパクト付近の振りを速くするためには「テークバックの後半」、「ダウンスイングの入り口」、「インパクト付近」でスピードを緩めることが大事です。ここで紹介するのは、テークバックの後半とダウンスイングの入り口のスピードを緩める素振り練習です。

やることは素振りなのですが、構えたところからスタートするのではなく、最初にフォロースルーの形を作り、そこから反動をつけてクラブを振り上げます。そうすれば振り上げるときに勢いがつき、トップに近づくにしたがって徐々に減速し、切り返し付近の動きもスローになります。

実際にボールを打つときはテークバックの始動時に、ヘッドで重いものを飛球線後方に押していくようなイメージで振り上げるのもいいでしょう。

ヘッドスピードアップのための素振り

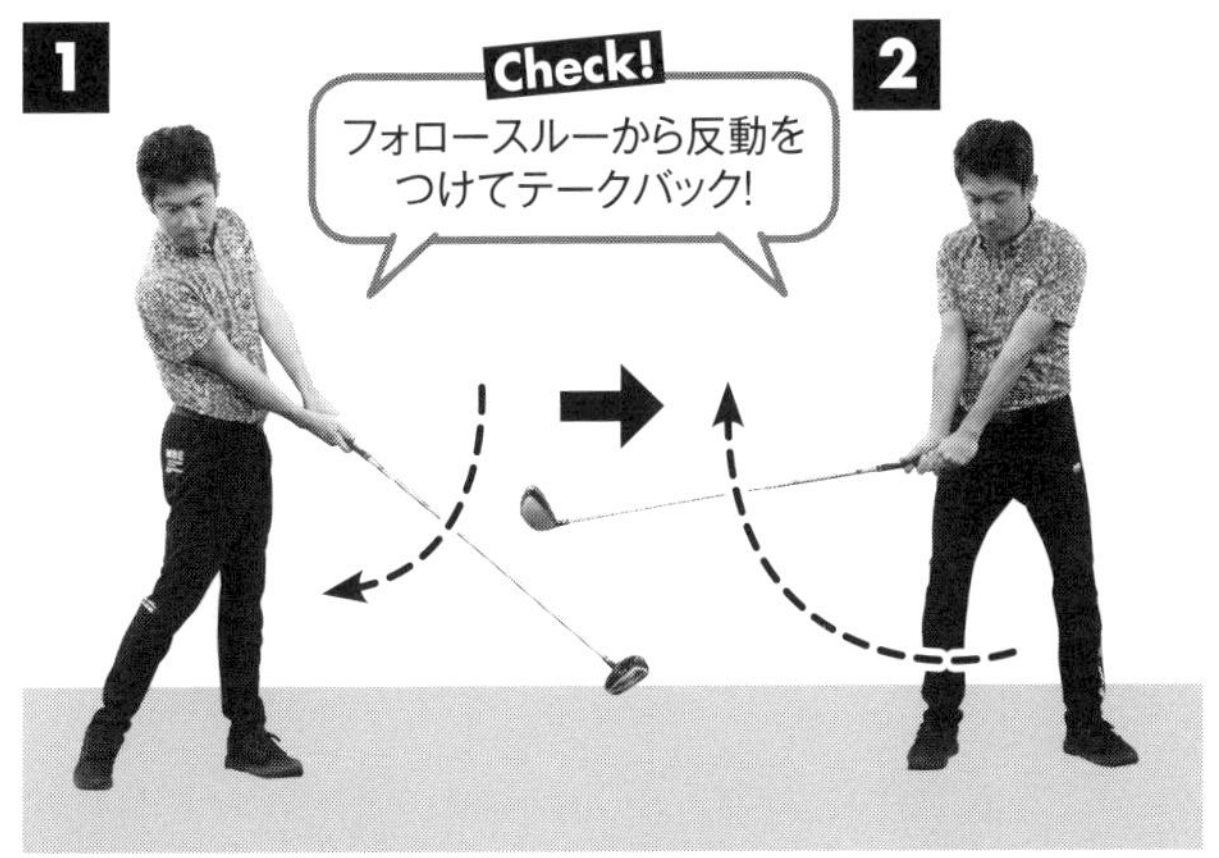

フォロースルーをスタート地点として素振りを開始。少し反動をつけて振り上げると、トップの直前と切り返し直後のスピードが緩み、ヘッドが走る感覚が味わえます。

おわりに

私がアマチュアゴルファーの皆さんにお伝えしたかった「二重振り子スイング（投げ縄スイング）理論」。できるだけ分かりやすくご説明したつもりですが、ご理解いただけたでしょうか？

「肩を回す」→「みぞおちをスライドさせる」、「トップで右脇を空けるな」→「右腕を吊り革を持つような形にする」、「構えたときに両脇を締めろ」→「脇固定ポジション＆グリップで構える」といったように、身体の動きを具体的に伝えることで、正しいスイングをイメージしやすくしたつもりです。本書が皆さんのスイング作りの参考になればいい……と思っています。

もし理解できないところがあっても、とりあえず見よう見まねでやってみてください。やっているうちに「こういうことだったのか！」と、合点がいくはずです。

そして、実際にクラブを振りながら、または身体を動かしながら二重振り子スイングをマスターしていただくために、ドリルのページを多めにしました。最初の理論編と同時進行で、ドリルをやっていただくのもいいかもしれません。

本編の中でも言っているとおり、私は「これを覚えたら飛距離が伸びる」「この動きをすれば絶対に曲がらない」というようなことは、あまり言ってはおりません。また、一般的なレッスンの中には応急処置的なものもたくさんあり、それをやることによって実際に飛距離が簡単に伸びたり、スライスがすぐに修正されたりすることもありますが、私はそういうレッスンをあまり好みません。皆さんに「二重振り子スイング」をマスターしていただくことが私のレッスンのすべてで、そういう点で言えば成果が表れるまでに少し時間がかかるかもしれません。しかし、一度マスターして正しいスイングを身につければ、皆さんのゴルフは大きく進化し、スコアも大幅にアップするはずです。

私がお伝えしたいことはこの本ですべて網羅したつもりですが、もう少し知識を増やしたいと思う方は、私のユーチューブチャンネルを覗いていただければ幸いです。皆さんがさらに楽しくゴルフができるように、これからもいろいろな情報を発信していきますので、よろしくお願いいたします。

ゴルフコーチ　新井 淳

新井 淳（あらい・じゅん）

栃木県東宇都宮CCでの6年間の研修期間中、ミニツアー、JGTOクォリファイングトーナメント出場を経てゴルフ指導へ転向。並行してアスレティックトレーナー養成専門学校にてトレーナー理論、実習を受講し、ゴルファーにおける「動きづくり・パフォーマンス向上」を研究する。その後、大手スポーツクラブゴルフ部門にて店舗運営、管理、スタッフ育成、イベント企画などを5年間担当し、2014年11月に『Score personal golf lesson』を開講。打撃動作、および改善、コースデビュー支援等の完全個別指導を行い、またYouTubeチャンネル（https://www.youtube.com/@Score_araijun）を開設するなど、あらゆるレベルのゴルファーをサポートしている。ブログ https://scoregolf.exblog.jp/

執筆協力	眞鍋雅彦
本文デザイン	萩原 睦（株式会社志岐デザイン事務所）
本文イラスト	大塚 克
撮影	鳥居健次郎
カバーデザイン	テラカワ アキヒロ（Design office TERRA）
編集協力	株式会社POW-DER
校正協力	株式会社聚珍社
撮影協力	Score personal golf lesson、大厚木カントリークラブ 桜コース

ゴルフ　プロの「飛ばし」が身につく！
二重振り子スイング

著　者　新井 淳
発行者　池田士文
印刷所　株式会社光邦
製本所　株式会社光邦
発行所　株式会社池田書店
〒162-0851
東京都新宿区弁天町43番地
電話 03-3267-6821（代）
FAX 03-3235-6672

落丁・乱丁はお取り替えいたします。

ISBN 978-4-262-16659-9

［本書内容に関するお問い合わせ］
書名、該当ページを明記の上、郵送、FAX、または当社ホームページお問い合わせフォームからお送りください。なお回答にはお時間がかかる場合がございます。電話によるお問い合わせはお受けしておりません。また本書内容以外のご質問などにもお答えできませんので、あらかじめご了承ください。本書のご感想についても、当社HPフォームよりお寄せください。
［お問い合わせ・ご感想フォーム］
当社ホームページから
https://www.ikedashoten.co.jp/

24006001